atlas básico

básico

de biología

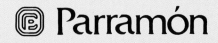
Parramón

Proyecto y realización

Parramón Ediciones, S.A.

Dirección Editorial

Lluís Borràs

Ayudante de edición

Cristina Vilella

Textos

José Tola – Eva Infiesta

Diseño gráfico y maquetación

Estudi Toni Inglés

Ilustraciones

AGE Fotostock, Archivo Parramón, Boreal, Cable Press, Jaume Farrés, Prisma, Josep Torres

Dirección de Producción

Rafael Marfil

Tercera edición: diciembre 2003

Atlas básico de Biología

ISBN: 84-342-2460-7

Depósito Legal: B-43.648-2003

Impreso en España

© Parramón Ediciones, S.A. – 2002

Ronda de Sant Pere, 5, 4ª Planta

08010 Barcelona (España)

Empresa del Grupo Editorial Norma

PRESENTACIÓN

Este Atlas de biología pone en manos de los lectores una magnífica oportunidad para conocer el origen de la vida, su evolución en la Tierra y las características de los seres vivos, así como sus distintas manifestaciones. Constituye, pues, una herramienta de la máxima utilidad para acceder a la maravilla de la vida, representada en las plantas y los animales, que no sólo nos permite deleitarnos con su variedad y sus formas, sino que también constituyen parte del equilibrio ecológico de nuestro planeta y de nuestro propio sustento.

Los diferentes apartados de esta obra conforman una completa síntesis de la biología. Constan de múltiples láminas y numerosas figuras, esquemáticas aunque rigurosas, que muestran las principales características de la composición y el comportamiento de las distintas especies vegetales y animales. Tales ilustraciones, que constituyen el núcleo central de este volumen, están complementadas con breves explicaciones y apuntes que facilitan la comprensión de los principales conceptos, así como con un índice alfabético que permite localizar fácilmente toda cuestión de interés.

Al emprender la edición de este Atlas de biología nos marcamos como objetivos realizar una obra práctica y didáctica, útil y accesible, de rigurosa seriedad científica y, a la par, amena y clara. Esperamos que los lectores consideren cumplidos nuestros propósitos.

SUMARIO

LA BIOLOGÍA

Esta ciencia se dedica al estudio de la vida y así lo indica su propio nombre, pues "bios", en griego, significa vida y "logos" ciencia. Y fueron precisamente los griegos los que comenzaron a estudiarla de un modo científico.

Una cuestión que se planteó al comienzo fue lo relativo a la composición de los seres vivos y **Empédocles** (492-432 a.C.) fue el primero en definir de qué estaban hechos el hombre, las plantas y los animales. Afirmaba que había cuatro elementos a partir de los cuales se creaba toda la **materia** y eran el motor de la vida: agua, aire, tierra y fuego.

Al principio, la biología estuvo íntimamente relacionada con la medicina pues la vida se consideraba un atributo humano. Así, alrededor del siglo VI a.C. surgió en una de las islas del Egeo, en la de Cos, una importante escuela médica que dio lugar a un gran número de científicos. Uno de sus representantes más ilustres fue **Hipócrates** (460-370 a.C.), quien relacionó las enfermedades que afectaban a los seres humanos con los procesos que tenían lugar en la naturaleza. De este modo, el estudio de la vida pasó a incluir también a esta última y, algo más tarde, a los restantes seres que la pueblan. Hipócrates afirmaba que las enfermedades debían combatirse aprovechando las fuerzas curativas existentes en la naturaleza. Sin embargo, a quien se considera el iniciador de la biología como ciencia es **Aristóteles** (384-322 a.C.), filósofo y científico de considerable prestigio en infinidad de campos y cuya autoridad se mantuvo a lo largo de casi dos mile-

nios. Los romanos, que no realizaron grandes avances científicos, transmitieron la ciencia aristotélica y todo el pensamiento occidental estuvo marcado por su doctrina hasta el punto de que durante la Edad Moderna ningún científico se atrevió a poner en duda lo que hacia dos mil años había afirmado Aristóteles, a pesar de las pruebas en contra existentes, como sucedió en el caso de la **generación espontánea**, que tuvo seguidores hasta el siglo XIX, cuando finalmente **Louis Pasteur** consiguió demostrar de manera definitiva que ningún ser vivo nacía de la nada, sino de otro anterior a él.

Pero a pesar de estos errores, justificados en aquella época, Aristóteles puso los cimientos de lo que hoy llamamos biología. Fue el primero en intentar definir el concepto de **vida** y realizó una primera **clasificación** de los seres vivos.

A lo largo de los tiempos, las manifestaciones de vida en la Tierra van cambiando. Las especies evolucionan o se extinguen, como el caso de los dinosaurios, que desaparecieron hace unos 60 millones de años.

Las plantas y los animales son seres vivos,
formados por células, tejidos, órganos y sistemas.
Se distinguen de los seres no vivos en que nacen,
se desarrollan, se reproducen y mueren.

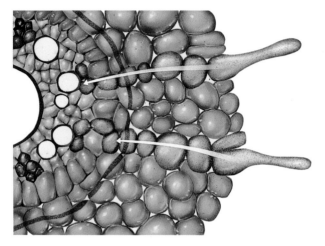

LOS CAMPOS DE LA BIOLOGÍA

Una ciencia, que se ocupa de algo tan esencial para
nosotros como es la vida, debe abarcar necesariamente multitud de campos. Con el transcurso de los
siglos y el constante aumento de los conocimientos
adquiridos, muchos de ellos se han convertido en
ciencias propias, como es el caso de la **zoología**, que
estudia los animales, o la **botánica**, que se dedica a
los vegetales. Pero se trata de ciencias naturales, de
ciencias de la naturaleza y, por lo tanto, ciencias de
la vida, es decir, ciencias biológicas.

Otros campos nos parecen mucho más alejados e
incluso totalmente ajenos a la biología. Uno de ellos
puede ser la **física**. Pero el conocimiento y la aplica-
ción a los seres vivos de las leyes físicas que rigen en
todo el universo son una herramienta de gran utilidad
para comprender su funcionamiento. Además, el
camino inverso, el de aplicar a los aparatos los pro-
cedimientos o las construcciones humanas (aviones,
radares, edificios) hechos conocidos en los seres
vivos se ha revelado también como algo de gran utilidad. Todo ello queda englobado en la **biofísica**.

La **química** es otra de las ciencias que ha pasado a
engrosar el campo de actividad de los biólogos,
dando lugar a una nueva ciencia, de enorme importancia en nuestros días, la **bioquímica**. Sus aplicaciones para la salud humana son evidentes y gracias
a ella hoy es posible conocer las causas y aliviar o
curar muchas de las enfermedades que nos aque-
jan, desde las infecciosas hasta las hereditarias o las
debidas a nuestro metabolismo. Se trata, pues, de
una disciplina en la que biólogos y médicos trabajan
conjuntamente para descifrar problemas comunes.

Otras ramas científicas que estudian los biólogos, e
igualmente los médicos, aunque cada uno busque
después aplicaciones distintas, son la **citología**, ciencia dedicada al estudio de la célula, que es la unidad
básica de la vida; la **histología**, que se ocupa de los
tejidos que forman el cuerpo de plantas y animales, y
la **organografía**, que contempla los tejidos organizados en unidades mayores conocidas como órganos.

El modo de funcionamiento de todos los organismos,
ya sean vegetales o animales, es el tema central de la
fisiología. Esta ciencia investiga sobre el metabolismo y el intercambio de materia y energía entre el
organismo y el exterior, así como sobre la manera en
que se aprovechan esos recursos (lo que conocemos
como nutrientes en sentido amplio) para producir
materia viva, es decir, cómo digerimos los alimentos y
cómo con ellos nuestro cuerpo fabrica los tejidos que
le dan forma. Igualmente forman parte del campo de
estudio de esta disciplina aspectos tan esenciales
como son la reproducción y el desarrollo, el funcionamiento del sistema nervioso o del cerebro, las relaciones del organismo con el exterior a través de los sentidos y, en general, cualquier tema que explique la
manera como funciona un animal o una planta.

Mientras las plantas necesitan del suelo para vivir y por lo general se desarrollan en un mismo lugar, los animales pueden desplazarse por sus propios medios. Algunas aves emigran miles de kilómetros para encontrar comida o refugio frente al mal tiempo.

Una rama de la biología que ha alcanzado especial importancia en los últimos tiempos pero que también ha planteado nuevos problemas a la humanidad es la **genética**, la ciencia que estudia la herencia, es decir, las leyes que rigen la transmisión de los caracteres de un individuo a su descendencia. Una de sus aplicaciones, la **ingeniería genética**, está abriendo nuevos horizontes a la medicina y a la industria, que eran impensables hace muy pocos años.

Son también ciencias biológicas, aunque gocen asimismo de independencia, el estudio del comportamiento de los animales, es decir, la **etología**, y la **ecología**, que contempla al conjunto de todos los seres vivos y el medio en que viven, la Tierra, estudiando las relaciones entre unos organismos y otros y entre todos ellos y su entorno.

UN MODO DE ESTUDIAR LA VIDA

Vamos a seguir aquí un método lógico al ir viendo las materias que nos brinda la biología. La primera cuestión que surge, como les sucedió a los griegos de la antigüedad, es la referente a la misma **vida**: ¿qué es?, ¿cómo apareció?, y los tipos de seres vivos que existen en nuestro planeta. A continuación veremos la manera que tienen los seres vivos de distribuirse sobre la Tierra y qué relaciones guardan entre ellos, es decir, un enfoque ecológico de conjunto.

Una vez vistos estos aspectos generales que engloban todo el medio en que nos desenvolvemos, pasaremos a los principios físicos y químicos. Lo primero será ver los elementos que constituyen la **materia viva** y las reacciones que tienen lugar entre ellos. Son el tema de estudio de los bioquímicos y son la base que permite explicar muchos de los aspectos

que se tratarán más adelante. En última instancia, desde una ballena azul hasta una diminuta alga unicelular no son más que moléculas de **elementos químicos** agrupadas de diversos modos, pero debemos pensar a modo de ejemplo que con los mismos ladrillos es posible construir un rascacielos o una urbanización de viviendas unifamiliares. La diferencia radica sólo en los planos.

Nuestro siguiente tema se referirá a la **evolución**, el paso desde la primera célula que surgió en el primitivo mar que cubría nuestro planeta hasta la gran diversidad de organismos que hoy existen. Pero para poder explicar esos cambios, necesitaremos que la **genética** nos explique las leyes que permiten que unas especies den lugar a otras más evolucionadas. Esos elementos químicos son los ladrillos de la vida y con ellos se pueden construir las formas más o menos complejas que representan a los distintos organismos. De este modo, pasaremos a explicar la estructura de las plantas y los animales, estudiando la célula y los tejidos.

Una vez que conocemos cómo son los seres vivos, qué aspecto tienen y de qué modo están organizados, el siguiente paso será averiguar cómo funcionan, es decir, cuál es su **fisiología**. Es un proceso muy complejo, formado por un gran número de fenómenos que para poder comprenderlos se han clasi-

ficado en grandes sistemas. Así, uno de ellos, fundamental, es la nutrición, otros son el transporte de los materiales por el interior del organismo, el movimiento mediante músculos de los animales, la formación de los elementos reproductores, etc.

Llegados a este punto tendremos ya una idea de qué son los seres vivos, cómo son y de qué manera actúan y funcionan. Ahora podremos **clasificarlos** en grupos según sus afinidades. En la Grecia clásica se creía que las ballenas eran peces por su forma hidrodinámica con aletas y por vivir en el agua. Hoy sabemos que son mamíferos gracias precisamente a todos esos conocimientos adquiridos desde entonces acerca de su anatomía y su fisiología.

Veremos entonces un panorama general de todos los seres vivos, una especie de cuadro donde cada uno de ellos se reúne con otros similares en grandes grupos. La antigua clasificación de animales y plantas ha quedado ya anticuada desde hace muchos años y, en la actualidad, en lugar de estos dos únicos reinos hablamos de cinco. Los **tres nuevos reinos** incorporados son el Monera (bacterias y similares, carentes de núcleo), los Protistos (protozoos y algas unicelulares, con núcleo) y los Hongos.

El hombre, quizás uno de los últimos seres vivos en aparecer sobre la Tierra, ha sido el gran modificador de su entorno.

En el mundo de los seres vivos no hay nada casual o gratuito; cada cosa tiene su razón de ser. Las flores, por ejemplo, son llamativas para atraer a los insectos y así éstos contribuyen a su polinización y perpetuación.

Llegados a este punto vamos ampliar nuestra perspectiva para centrarnos de nuevo en una visión general, aunque ya con los conocimientos imprescindibles que hemos ido adquiriendo en los anteriores pasos. Veremos otro aspecto de la **ecología**, el de la relación entre los distintos seres vivientes y entre éstos y el medio en que habitan.

Con ello habremos realizado un recorrido completo por lo que a lo largo de los siglos ha ido creando esta ciencia de la vida y que no sólo es una herramienta imprescindible para conocer cómo son las plantas y los animales que nos rodean sino, también, para reconocernos a nosotros mismos como **una especie más** dentro de la gran nave que se desplaza por el espacio y que es la Tierra.

Por último, hay que decir que la biología es una **ciencia de conjunto**, quizá más que otras. Esto significa que el biólogo debe tener constantemente en cuenta los resultados de las investigaciones que se realizan en los diferentes campos para no perder la idea de conjunto y que el trabajo en el laboratorio sólo tiene validez si se adapta a la realidad de la existencia de los seres vivos en el planeta.

LA VIDA: MATERIA INERTE Y MATERIA VIVA

Antes de definir lo que es la vida veremos algunos principios básicos en los que se asienta. Intuitivamente clasificamos la mayoría de las cosas que nos rodean como objetos materiales o seres vivos, aun- que en algunos casos resulte difícil distinguirlos. Todos ellos están hechos de átomos, pero el modo en que se disponen marca la diferencia entre unos, carentes de vida, y otros que la poseen.

LOS ÁTOMOS

Algo más de un centenar de **elementos químicos** diferentes forman toda la materia viva o inanimada que hay en la Tierra y en el universo. La porción más pequeña posible de cada uno de estos elementos es lo que denominamos **átomo**. A su vez, cada átomo está formado por un conjunto de **partículas elementales** que son comunes a todos los átomos: principalmente **neutrones**, **protones** y **electrones**. Los dos primeros se reúnen formando un núcleo y los electrones se disponen en capas girando a su alrededor, de manera similar a como hacen los satélites artificiales alrededor de la Tierra.

ESTRUCTURA DE UN ÁTOMO

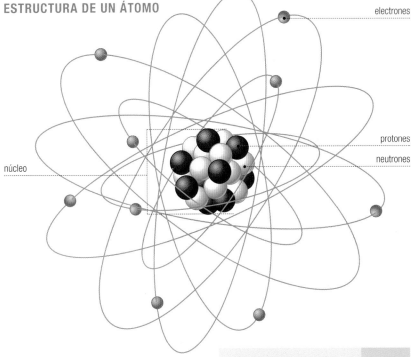

electrones

protones

neutrones

núcleo

Hasta la fecha se conocen 105 elementos, pero se supone que deben existir más, hasta llegar a los 118 y completar así la tabla periódica.

Cristales de cuarzo.

ALGUNOS DE LOS ELEMENTOS MÁS COMUNES EN LA TIERRA

Elemento	Símbolo
Hidrógeno	H
Sodio	Na
Potasio	K
Cloro	Cl
Yodo	I
Calcio	Ca
Magnesio	Mg
Azufre	S
Oxígeno	O
Cobre	Cu
Hierro	Fe
Carbono	C
Silicio	Si
Aluminio	Al
Nitrógeno	N
Fósforo	P

Todos los elementos tienden a completar el número de electrones en cada una de sus capas. Los átomos con capas incompletas tienden a reaccionar entre sí.

LAS MOLÉCULAS

Para que los átomos completen sus capas de electrones tienen dos opciones: conseguirlos o compartirlos con otros átomos. En este último caso, los átomos que comparten sus electrones quedan unidos entre sí formando lo que se llama una **molécula**. El **agua** es una molécula formada por dos átomos de hidrógeno y uno de oxígeno. Como el oxígeno necesita dos electrones para completar su capa exterior (pues sólo tiene seis electrones y necesita ocho), al unirse con dos átomos de hidrógeno consigue la estabilidad requerida.

La unión entre dos átomos que comparten un electrón se llama enlace covalente. El hidrógeno puede formar un enlace covalente; el oxígeno, dos.

LAS TRANSFORMACIONES QUÍMICAS

La mayoría de los átomos se encuentran unidos a otros formando moléculas y éstas, a su vez, se unen entre sí para dar lugar a nuevas sustancias. De este modo, uno o más elementos se unen para formar una molécula mayor que constituye un **compuesto químico**. Pero un compuesto químico también puede disgregarse y dar lugar a nuevas sustancias. Todas estas transformaciones tienen lugar consumiendo o desprendiendo energía. Esa **energía** es la que utilizarán los seres vivos.

Gracias a las continuas transformaciones químicas que se dan en cualquier lugar de la Tierra es posible la vida.

$$CO_2 + H_2O \rightarrow H_2CO_3$$

anhídrido carbónico   agua   ácido carbónico

$$HCl + NaOH \rightarrow NaCl + H_2O$$

ácido   base   sal   agua

LA MATERIA VIVA

A diferencia de lo que sucede con un mineral, que si no se le somete a ninguna manipulación (calentarlo, desmenuzarlo, sumergirlo en agua) permanece inalterado indefinidamente, la materia viva está en **constante cambio**: hay un momento en que aparece (una planta o un animal nacen), luego se multiplica (crece o se divide) y acaba por desaparecer (mueren), convirtiéndose en compuestos químicos más sencillos.

Las plantas son seres vivos, ya que se desarrollan, respiran, mueren, etc.

Las reacciones químicas que desprenden energía se llaman **exotérmicas**. Las reacciones químicas que consumen energía se llaman **endotérmicas**.

ELEMENTOS MÁS FRECUENTES EN LA MATERIA VIVA

Elemento	Símbolo	Porcentaje
Oxígeno	O	62
Carbono	C	20
Hidrógeno	H	10
Nitrógeno	N	3
Calcio	Ca	2,5
Fósforo	P	1,14
Cloro	Cl	0,16
Azufre	S	0,14
Potasio	K	0,11
Sodio	Na	0,10
Magnesio	Mg	0,07
Yodo	I	0,014
Hierro	Fe	0,010
Elementos vestigiales		0,756

¿QUÉ ES LA VIDA?

Responder a esta cuestión sigue siendo muy difícil a pesar de los avances logrados por la ciencia a lo largo de los siglos. La mejor manera de percibir lo que es vivo es compararlo con algo inerte, carente de vida. Por contraste entre unos y otros iremos comprendiendo los rasgos fundamentales que caracterizan a los seres dotados de vida y a las cosas que están desprovistas de ella.

LA NATURALEZA DE LA VIDA

Una de las características que más nos llama la atención de los seres vivos es que realizan **funciones**. Una piedra permanece estática para la eternidad si no se la modifica desde el exterior, pero un gusano o un pájaro se mueven, comen, se reproducen, mueren y sirven de alimento a otros seres. Pero ¿y un **robot** de alta tecnología? ¿No se mueve, trabaja, se alimenta de energía e incluso es capaz de producir nuevos robots? Sí, pero si lo desmontamos vemos que está hecho de metal, plástico, tornillos y algunos otros componentes mecánicos y, por ejemplo, el metal puede ser sólo aluminio. La **piel** del gusano está formada por miles de células agrupadas en tejidos y cada **célula** consta de numerosos orgánulos. Pero también el gusano o el pájaro, además de reproducirse, son capaces de evolucionar. El robot no.

Lo que diferencia a un robot de un simple gusano o de un hermoso pajarillo es que éstos tienen vida y aquél no.

El granito es una roca muy dura, pero inerte, esto es, incapaz de crecer o de moverse por sí misma.

COMPARACIÓN DE UN OBJETO INANIMADO Y UN SER VIVO

Característica	Objeto inanimado	Ser vivo
Complejidad	muy baja	muy alta
Funcionamiento	escaso o nulo	constante
Perpetuación	no	sí
Irritabilidad	no	sí
Evolución propia	no	sí

COMPLEJIDAD

Los seres vivos se organizan a distintos niveles. El nivel primario, el de los átomos, es similar al de los objetos inanimados. Un segundo nivel, el de los compuestos químicos, suele ser más diverso y así mientras una roca estará formada por una docena de compuestos (aunque puede ser de un único elemento), una simple ameba tendrá decenas de ellos. Por encima de este nivel, los organismos son más complejos y se organizan a nivel de **células**, de **tejidos** de células, de **órganos** de tejidos y de **sistemas** de órganos.

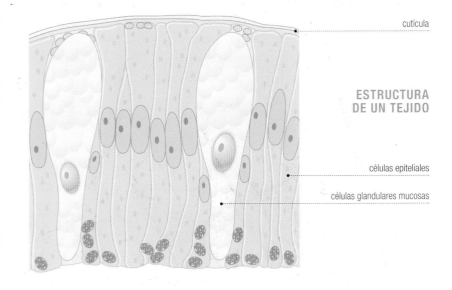

cutícula

ESTRUCTURA DE UN TEJIDO

células epiteliales

células glandulares mucosas

FUNCIONAMIENTO

Los organismos están intercambiando constantemente material con el exterior. El proceso de introducir material en su interior se denomina **nutrición** y es seguido de la transformación de ese material para producir (**síntesis**) nueva materia orgánica que formará su cuerpo (sus células, tejidos, etc.). Pero para ello se necesita **energía**, que puede ser la luz del Sol, como hacen las plantas, o alimentos ricos en ella, como es el caso de los animales.

El mono se nutre de frutas producidas por el árbol, que las ha fabricado con ayuda de la energía solar.

El metabolismo consta de tres funciones básicas: nutrición, respiración y síntesis de nueva materia viva.

PERPETUACIÓN

Los organismos vivos no son eternos como la materia inanimada. Al cabo de un tiempo mueren, pero la vida no desaparece sino que se continúa en nuevos organismos. Es decir, se perpetúa. La **autoperpetuación** de los organismos se consigue gracias a la **reproducción**. Consiste en producir nuevos organismos en una determinada etapa de su vida, que cuando ellos mueran continuarán viviendo y, a su vez, llegará un momento en que producirán otros organismos que les sustituirán también a ellos.

IRRITABILIDAD

Todo organismo vivo, incluso un liquen adherido a una roca, es capaz de reaccionar a los cambios que se producen en su entorno, es decir, a los **estímulos**. De este modo, pueden adaptarse a ese cambio y sobrevivir. Es lo que se llama **irritabilidad** y es muy variable, desde casi imperceptible, como en el caso del liquen, hasta ser tan vistoso como la **migración** de muchas aves cuando llega el invierno a las regiones que habitan. La materia inanimada carece por completo de esta capacidad.

Un buen ejemplo de la capacidad de irritabilidad de los animales es el de las aves migratorias, que recorren cada año miles de kilómetros para encontrar un entorno más favorable.

EVOLUCIÓN

La capacidad de adaptación a los cambios del entorno hace que los seres vivos estén en mejores o peores condiciones frente a su medio. Transmiten esas características a sus descendientes a través de unas unidades de información llamadas **genes**. A veces se producen pequeños cambios en los genes, que si son una ventaja para sobrevivir se transmiten a la descendencia, que será ligeramente diferente a sus antecesores. Este lento proceso, llamado **evolución**, es característico de los seres vivos y es el que ha permitido la existencia de la diversidad que hoy conocemos.

LAS MOLÉCULAS DE LA VIDA

En todos los seres vivos encontramos un mismo elemento, el carbono. Aunque también está presente en la materia inanimada, es característico de la vida. Se presenta en infinidad de modalidades formando unidades estructurales definidas, las moléculas. Toda la materia viva está compuesta por un pequeño grupo de moléculas combinadas entre sí.

LOS HIDROCARBUROS

Se trata de las moléculas orgánicas más sencillas y están formadas solamente por carbono e hidrógeno. El más simple de todos ellos es el **metano**, de fórmula CH_4. Se produce en la naturaleza por descomposición de materia animal o vegetal y aparece también formando parte de los yacimientos de combustibles sólidos, como el **petróleo** y el **gas natural**. El carbono se caracteriza por su gran capacidad de unirse a otros átomos de carbono, por lo que hay una gran variedad de hidrocarburos, formados por un elevado número de átomos agrupados en grandes moléculas.

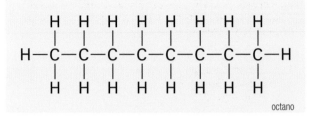

octano

COMPOSICIÓN TÍPICA DE UNA CÉLULA ANIMAL

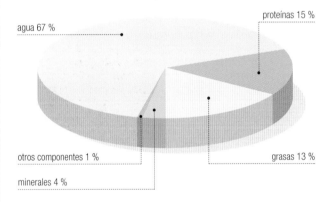

agua 67 %

proteínas 15 %

otros componentes 1 %

grasas 13 %

minerales 4 %

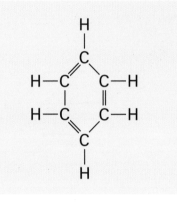

benceno

La glucosa tiene la fórmula $C_6H_{12}O_6$. Otros azúcares comunes son la fructosa, la lactosa y la sacarosa.

LOS LÍPIDOS

Estos compuestos se caracterizan por no disolverse en el agua, o hacerlo muy poco, lo que les proporciona una gran importancia biológica. Hay tres tipos principales de lípidos: las grasas, los fosfolípidos y los esteroides. Las **grasas** son sustancias que sirven de reserva de energía para los organismos. Los **fosfolípidos** son uno de los componentes esenciales de las membranas celulares. Los **esteroides** son sustancias muy importantes para el metabolismo animal; algunos de los más conocidos son el **colesterol** y los **estrógenos**.

LOS HIDRATOS DE CARBONO

Estos compuestos están formados por carbono, hidrógeno y oxígeno y se agrupan en grandes moléculas llamadas **macromoléculas**. Hay tres tipos principales. Los **azúcares** son sustancias solubles en agua y ricas en energía, aunque menos que las grasas, pero se pueden utilizar con mayor rapidez que éstas. Los **almidones** son largas cadenas de glucosa y son insolubles en agua, por lo que sirven de sustancia de reserva. Las patatas y los cereales contienen gran cantidad de almidón, por lo que son alimentos muy importantes. También los animales guardan la glucosa en sus células en forma de un almidón especial llamado **glucógeno**. El tercer tipo de hidratos de carbono es la **celulosa**. Está formada por cadenas de glucosa pero unidas de modo distinto a como aparecen en el almidón. La celulosa es uno de los materiales orgánicos más abundantes pues forma las células y los tejidos vegetales.

Las grasas vegetales acumuladas en las bellotas sirven de alimento a los cerdos, que las transforman en tocino (grasa animal).

LAS PROTEÍNAS

Estas sustancias complejas son muy importantes para el organismo y constituyen casi la mitad del peso en seco del cuerpo de los animales. Además de carbono, hidrógeno y oxígeno, llevan también otros elementos, principalmente nitrógeno y azufre. Las proteínas desempeñan papeles fundamentales para la vida de un animal. Son las que forman las **fibras musculares** que permiten el movimiento y son también las sustancias que intervienen en las reacciones químicas del organismo, actuando como catalizadores llamados **enzimas**.

El ADN tiene cuatro bases nitrogenadas distintas: adenina, guanina, timina y citosina. ←

UN SEGMENTO DE ADN (ÁCIDO DESOXIRRIBONUCLEICO)

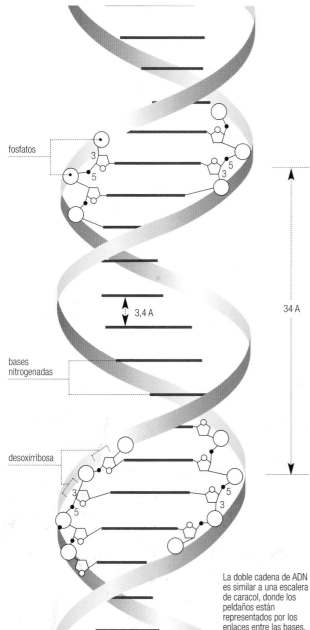

fosfatos

3,4 A

34 A

bases nitrogenadas

desoxirribosa

La doble cadena de ADN es similar a una escalera de caracol, donde los peldaños están representados por los enlaces entre las bases.

UNA CADENA DE AMINOÁCIDOS

β_2　　　β_1

α_2　　　α_1

Se conoce algo más de 70 **aminoácidos** que forman todas las proteínas existentes en la Tierra. De ellas, sólo de 20 a 24 se encuentran en los animales.

↓

Los aminoácidos son la **unidad básica** que forman las proteínas, es decir, una proteína es una cadena (polímero) de varios aminoácidos.

↑

LOS ÁCIDOS NUCLEICOS

Estas sustancias son moléculas grandes (**polímeros**) formadas por un gran número de otras más sencillas llamadas **nucleótidos**. Cada uno de ellos está formado por un azúcar de cinco carbonos (una **pentosa**), un compuesto de fósforo (**grupo fosfato**) y un compuesto de nitrógeno (**base nitrogenada**). Los ácidos nucleicos permiten realizar una de las funciones fundamentales de la vida, la perpetuación: se trata del material que transporta la **información genética**. Hay dos tipos de ácidos nucleicos: **ADN** y **ARN**.

El **ARN** tiene cuatro bases nitrogenadas distintas: adenina, guanina, uracilo y citosina. ←

APARICIÓN DE LA VIDA EN LA TIERRA

Actualmente sabemos que nuestro planeta se formó al mismo tiempo que el sistema solar, hace unos 5.000 millones de años y que debieron transcurrir más de 1.000 millones de años para que se dieran las condiciones mínimas necesarias para la aparición de las primeras formas de vida. Sobre este fenómeno ha habido infinidad de teorías y aún hoy el problema sigue despertando el interés de los científicos.

LOS MITOS Y LAS RELIGIONES

Para el hombre prehistórico, la naturaleza que le rodeaba era a menudo amenazante y siempre un misterio. Era una fuerza infinitamente superior a él mismo y de ese modo, del poder del rayo o de la violencia del viento surgieron los **dioses** que dominaban esas fuerzas. Los dioses acabaron organizándose en una compleja **mitología** y a ellos se atribuyó el nacimiento del mundo y la aparición de la vida. Las religiones monoteístas, como el judaísmo, que adoraban a un único dios, dieron a éste todos los atributos creadores. La **Biblia** recopiló todas esas creencias, que más tarde heredó el cristianismo y que dominaron el pensamiento occidental hasta la Edad Moderna. Todos estos mitos y religiones tienen en común la idea de la aparición de la vida como un acto de voluntad de una divinidad.

Fragmento de *La Creación*, de Miguel Ángel, en la Capilla Sixtina (Roma).

El **creacionismo** afirma que la vida surge de manera repentina por deseo divino y que tras el Diluvio u otra gran catástrofe vuelve a generarse de nuevo.

¿ES LA VIDA DE ORIGEN EXTRATERRESTRE?

Existen teorías que afirman que la vida en la Tierra llegó procedente de otros mundos. Algunos afirman que fueron extraterrestres, pero sus conclusiones carecen de toda base científica y no aportan ninguna prueba. Otros indican que posiblemente los primeros seres **microscópicos** que habitaron nuestro planeta llegaron del espacio a través de **meteoritos**. Su afirmación se basa en el hallazgo de moléculas orgánicas en algunos de esos meteoritos. Sin embargo, estas teorías no explican cómo surgió la vida y se limitan a señalar cómo pudo llegar a la Tierra.

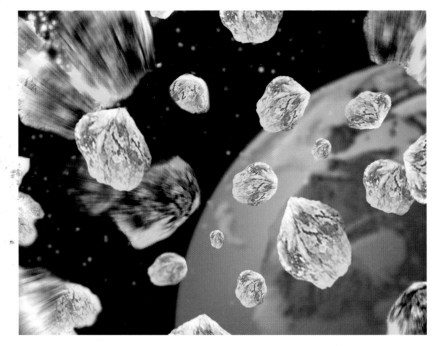

Una de las hipótesis sobre el origen de la vida en nuestro planeta indica que ésta vino a través de los meteoritos que cayeron sobre él hace miles de millones de años.

Introducción

La vida

**Vida en
la Tierra**

La base
de la vida

Bioquímica

Evolución
y genética

Herencia
y genética

Funciones de
los seres vivos

Cómo
funcionan los
seres vivos

Relaciones
con el exterior

Reproducción
y desarrollo

Clasificación
de los seres
vivos

El mundo
vegetal

El mundo
animal

El mundo
viviente

Índice
alfabético
de materias

LA GENERACIÓN ESPONTÁNEA

Ante la imposibilidad de explicar cómo aparecían de pronto pequeños animales como las moscas en la carne en descomposición, en la antigüedad se afirmaba que nacían espontáneamente a partir de la materia orgánica descompuesta. Esta teoría quedó fuertemente arraigada y aunque algunos científicos comenzaron a presentar pruebas en su contra en el curso del siglo XVII, como los experimentos de Francesco Redi, no quedó completamente refutada hasta bien entrado el siglo XIX. Louis Pasteur demostró que si en un caldo de cultivo situado dentro de un matraz no llegaban microorganismos del exterior, el caldo se mantenía estéril y que si aparecían esos diminutos seres era porque habían sido arrastrados hasta allí y no porque hubieran nacido de manera espontánea.

Experimento de Redi: las moscas nacían en el recipiente que contenía carne y permanecía abierto, pero no en el que estaba cerrado.

Caótico aspecto de la Tierra en sus inicios.

Experimento de Pasteur: el aire puede entrar a través del largo tubo del matraz, pero no los microorganismos, por lo que no contaminan el medio de cultivo.

EL EXPERIMENTO DE STANLEY MILLER

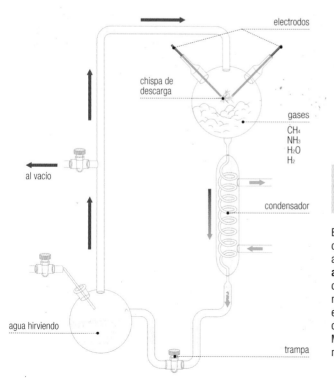

electrodos

chispa de
descarga

gases

CH_4
NH_3
H_2O
H_2

al vacío

condensador

agua hirviendo

trampa

LA TEORÍA DE OPARIN

En 1924, Alexander **Oparin**, un bioquímico ruso, propuso una teoría sobre el origen de la vida en nuestro planeta. Afirmaba que cuando la **atmósfera** terrestre no poseía todavía oxígeno, en los océanos primitivos debieron formarse moléculas orgánicas que flotaban en el agua formando una especie de "**caldo primitivo**". Muchas de esas moléculas debieron asociarse entre sí para constituir complejos de mayor tamaño. En un determinado momento, algunos de esos complejos debieron quedar rodeados de una membrana que los separaba del caldo y, sometidos a las **radiaciones** procedentes del espacio, adquirieron la capacidad de crecer y reproducirse, convirtiéndose así en los primeros seres vivos.

LAS PRIMERAS MOLÉCULAS ORGÁNICAS DE LABORATORIO

En 1952, Stanley **Miller** decidió reproducir en el laboratorio las condiciones imperantes en el planeta hace más de tres mil millones de años. Mezcló en un recipiente **metano** (CH_4), **amoníaco** (NH_3), **vapor de agua** e **hidrógeno** (H_2), que sería la atmósfera primitiva, y lo hizo circular durante varias semanas, sometiéndolo a descargas eléctricas, de manera análoga a los rayos de las enormes tormentas que tenían lugar en aquella época. Al cabo de varias semanas, pudo recoger en el agua condensada varias **moléculas orgánicas**. No eran seres vivientes, pero Miller demostró que de ese modo pudieron originarse las primeras moléculas que darían paso a la vida.

LAS FORMAS DE LA VIDA: LOS CINCO REINOS

Cuando surgió la vida sobre la Tierra lo hizo en forma de pequeños microorganismos de gran simplicidad. Se trataba de agrupaciones de moléculas orgánicas, unidas entre sí dentro de una membrana y con capacidad de alimentarse, crecer y reproducirse.

Comenzó entonces la evolución y la vida fue adoptando nuevas formas para aprovechar los recursos disponibles. De este modo, aparecieron la infinidad de seres vivos distintos que hoy conocemos y que dividimos en cinco reinos.

EL REINO MONERA

Agrupa todos los organismos más sencillos conocidos. Se los conoce también como **procariotas** porque carecen de un verdadero núcleo, a diferencia de los **eucariotas**, que incluye los restantes reinos. Disponen únicamente de un **cromosoma** como material genético. Algunos pueden tener **flagelos**, pero son de estructura muy sencilla y no se parecen a los que presentan los protozoos. La reproducción es **asexual** y sólo algunos realizan un intercambio de material genético. Este reino engloba dos grandes grupos: **las bacterias** y las **algas verdiazules**.

PARTES DE UNA BACTERIA TIPO BACILO

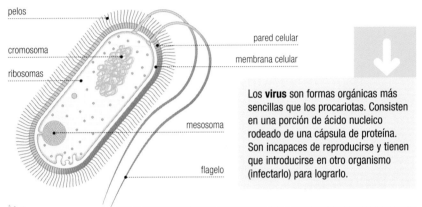

pelos
cromosoma
ribosomas
pared celular
membrana celular
mesosoma
flagelo

Los **virus** son formas orgánicas más sencillas que los procariotas. Consisten en una porción de ácido nucleico rodeado de una cápsula de proteína. Son incapaces de reproducirse y tienen que introducirse en otro organismo (infectarlo) para lograrlo.

EL REINO PROTISTA

Se incluyen aquí los organismos **eucariotas** más sencillos. Su célula posee ya un **núcleo** verdadero, rodeado de una membrana que lo separa del **citoplasma**. La mayoría son unicelulares y los pluricelulares (como algunas algas) no llegan a formar tejidos complejos como las plantas. Se incluyen dentro de este reino los organismos conocidos como **protozoos**, que carecen de clorofila, las **algas**, que tienen clorofila, y los hongos mucilaginosos o **mixomicetes**, organismos unicelulares coloniales.

diatomea

fucus

Las algas incluyen las algas rojas, los dinoflagelados, los euglenofitos, las algas verdes, las algas doradas y las algas pardas.

radiolario

paramecio

Los protozoos incluyen los rizópodos, flagelados, ciliados y esporozoos.

EL REINO DE LOS HONGOS

Estos organismos poseen características intermedias entre los vegetales y los animales. Carecen de **clorofila**, por lo que no pueden producir su propio alimento lo mismo que los animales (son **heterótrofos**), pero se reproducen mediante **esporas**, lo mismo que las plantas. Están formados por filamentos llamados **hifas**. En los de mayor tamaño, las hifas se entrelazan formando un tejido llamado **micelio**. Las **setas** son sólo la parte que crece por la superficie del suelo de algunos hongos, pues la mayoría son microscópicos.

Muchos hongos son parásitos de plantas y animales, otros producen antibióticos como la penicilina, se usan para fabricar quesos como el Roquefort o producen setas, que pueden ser comestibles o venenosas.

Tres setas venenosas.

Coprinus
atramentarius

Amanita
phalloides

Amanita
muscaria

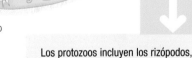

Los líquenes son asociaciones entre hongos y algas.

EL REINO VEGETAL

Se incluyen aquí todos los organismos **pluricelulares** provistos de **clorofila**, es decir, que son capaces de producir su propio alimento a partir del agua, sales minerales y la energía solar (son **autótrofos**). Se los conoce como **plantas superiores** y, a diferencia de los vegetales inferiores (agrupados en el reino protista, como las algas), poseen **tejidos diferenciados** y se reproducen por vía **asexual** o **sexual**.

La mayoría de vegetales que vemos son plantas superiores.

El reino vegetal incluye los **briófitos** (musgos y hepáticas) y las **plantas vasculares** (que tienen vasos conductores).

Las plantas vasculares incluyen los **helechos**, las **gimnospermas** (coníferas) y las **angiospermas** (dicotiledóneas y monocotiledóneas).

Hay dos grandes grupos de animales: los **invertebrados**, de cuerpo blando o con esqueleto externo, y los **vertebrados**, con esqueleto interno formado por vértebras.

EL REINO ANIMAL

Se incluyen aquí todos los organismos **pluricelulares** desprovistos de **clorofila**, es decir, que deben alimentarse de materia orgánica ya elaborada (son **heterótrofos**). Unos se alimentan de materia vegetal, son **fitófagos**, y otros de otros animales, son **carnívoros**. Hay así mismo especies **parásitas**. Se diferencian también de las plantas porque sus tejidos son más complejos y por estar dotados de la capacidad de desplazamiento activo. Poseen, además, un **tejido nervioso**.

A diferencia de las plantas, los animales deben alimentarse de materia orgánica ya elaborada.

DEL AGUA AL SUELO

La vida surgió en un planeta desnudo donde sólo existía materia inanimada. Sobre ella se desarrolló y continúa haciéndolo en nuestros días. Esa materia es el escenario sobre el que tiene lugar la vida y se nos puede presentar de múltiples formas. Su gran variedad es una de las causas de que hoy existan organismos tan distintos como un protozoo, un calamar gigante o un perro.

EL MEDIO LÍQUIDO

La **vida** surgió en el mar primitivo que cubría la Tierra y el agua entró a formar parte de los seres vivos como uno de sus componentes mayoritarios, hasta el punto de que algunos animales, como una medusa, pueden contener hasta un 99 % de agua. El agua es esencial para la vida gracias a sus propiedades físicas y químicas. Su **viscosidad** y **densidad** permiten que en su interior vivan peces, moluscos o corales, su elevada **capacidad calorífica** es esencial para regular los cambios de temperatura del ambiente, su **constante dieléctrica** es imprescindible para muchas reacciones, etc.

El agua tiene una constante dieléctrica alta, lo que explica la facilidad con la que las sales se ionizan en ella.

COMPOSICIÓN APROXIMADA DEL AGUA DULCE Y EL AGUA MARINA
(en gramos por litro)

Agua marina		Agua dulce	
NaCl	26,52	Ca(OH)$_2$	0,030
MgSO$_4$	3,30	MgSO$_4$	0,020
MgCl$_2$	2,25	NaCl	0,015
CaCl$_2$	1,14	KCl	0,006
KCl	0,72	CaCl$_2$	0,003
NaHCO$_3$	0,20		
NaBr	0,08		

EL CICLO DEL AGUA: UNA CIRCULACIÓN CONSTANTE POR TODO EL PLANETA

lluvia y nieve
glaciar
lago
río
aguas subterráneas

condensación
vapor de agua
evaporación
océano

La densidad del aire y la cantidad de oxígeno disminuyen con la altura.

LA ATMÓSFERA

El planeta está rodeado de una **envoltura gaseosa** mucho menos densa que el agua y que, por lo tanto, sólo puede estar habitada de manera permanente en las zonas próximas al **suelo**. Los animales voladores, como insectos o aves, utilizan la atmósfera para desplazarse pero necesitan el suelo firme para realizar gran parte de sus actividades. La **atmósfera** actual es distinta a la que existía al comienzo de la historia de la Tierra y ello se debe a los organismos **fotosintéticos** que han ido enriqueciéndola con oxígeno. Precisamente la aparición del **oxígeno** en cantidades elevadas en la atmósfera permitió el desarrollo de plantas y animales terrestres.

Ciclo del oxígeno y del carbono. Ambos elementos están en constante circulación por toda la biosfera.

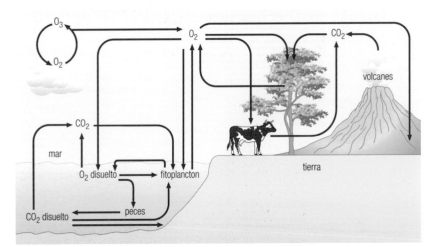

COMPOSICIÓN DE LA ATMÓSFERA ACTUAL

Componente	%
Nitrógeno	78,08
Oxígeno	20,94
Argón	0,93
Dióxido de carbono	0,03

Toda la vida tiene lugar en las capas más bajas (cercanas al suelo) de la troposfera, que llega hasta los 11 kilómetros de altura.

Introducción

La vida

Vida en
la Tierra

La base
de la vida

Bioquímica

Evolución
y genética

Herencia
y genética

Funciones de
los seres vivos

Cómo
funcionan los
seres vivos

Relaciones
con el exterior

Reproducción
y desarrollo

Clasificación
de los seres
vivos

El mundo
vegetal

El mundo
animal

El mundo
viviente

Índice
alfabético
de materias

LA RADIACIÓN Y LA ENERGÍA

Nuestro planeta recibe la luz del **Sol** como principal fuente de energía externa, pero también radiación procedente de zonas más lejanas del **universo**. Hay varios tipos de **radiación** y se clasifica por su **longitud de onda**. Cuanto más baja es ésta, mayor es la energía que lleva y también es más penetrante, pero una radiación demasiado intensa es perjudicial o incluso mortal para la vida. La **atmósfera** actúa como una capa protectora que evita que llegue al suelo la radiación más peligrosa y permite el paso de la que llamamos **luz visible**. Esta radiación es la mejor para la vida, ya que proporciona la energía suficiente para que tengan lugar los procesos biológicos, como la **fotosíntesis**.

TIPOS DE RADIACIÓN

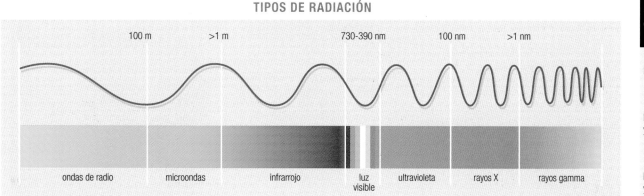

100 m · >1 m · 730-390 nm · 100 nm · >1 nm

ondas de radio · microondas · infrarrojo · luz visible · ultravioleta · rayos X · rayos gamma

PRINCIPALES TIPOS DE RADIACIÓN
(1 nm = 0,000001 mm)

	Ultravioleta (onda corta)	Luz visible	Infrarroja (onda larga)
Longitud de onda	< 360 nm	360-750 nm	> 750 nm

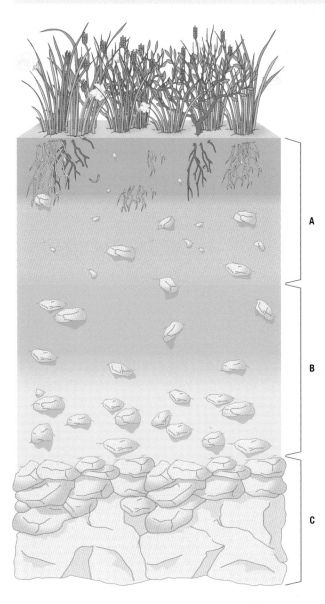

A

B

C

EL SUELO

El substrato sólido sobre el que viven los animales o las plantas es lo que vulgarmente llamamos **suelo**, pero no todos los substratos son suelo. Este último es el resultado de la actividad de los **organismos** sobre el substrato inorgánico. Es decir: los **agentes atmosféricos** (agua, viento, etc.) erosionan y desmenuzan la roca madre, que queda reducida a rocas más pequeñas, cantos y arenas. Al mismo tiempo, los organismos que viven encima producen desechos y dejan sus restos cuando mueren. Toda esta materia **orgánica** (transformada por bacterias, hongos, etc.) se mezcla con la **inorgánica** y se obtiene el suelo, que puede sustentar la vida vegetal.

El suelo se dispone formando capas, que se llaman **horizontes**. De modo general, el suelo se divide en tres horizontes: el **A**, donde predomina la materia orgánica (es la capa más superficial), el **B**, donde hay equilibrio entre materia orgánica e inorgánica, y el **C**, donde domina la materia inorgánica y que está en contacto con la roca madre.

El suelo ofrece a las plantas nutrientes y sujeción, y a muchos animales cobijo (nidos, madrigueras, etc.).

LA BIOSFERA

De todo el planeta, sólo una pequeña parte es apta para la vida y en ella es donde se han desarrollado plantas y animales. Es lo que conocemos como biosfera y es el lugar donde tiene lugar multitud de fenómenos biológicos.

Estos fenómenos se producen en relación con tres componentes de la Tierra: el elemento gaseoso (aire) que forma la atmósfera, el elemento líquido (agua) que constituye la hidrosfera y el elemento sólido (roca) que es la litosfera.

LA BIOSFERA: NUESTRO HOGAR

Visto desde el espacio, nuestro **planeta** se presenta como una esfera azul. Eso se debe a la existencia del **agua** y de la **atmósfera**, pero también a la existencia de **vida**. Los seres vivos ocupamos las capas más bajas de la atmósfera, las más superficiales de los océanos y apenas un par de metros de la corteza terrestre, pero reaccionamos con todos estos medios de un modo tal que creamos nuestro propio medio, que llamamos **biosfera**. Dependemos de ella para vivir pero también ella depende de nosotros, pues si no hubiera vida no tardaría en desaparecer el oxígeno de la atmósfera, cambiaría la composición del agua y la erosión transformaría rápidamente la superficie terrestre.

PRODUCCIÓN ANUAL DE LA VEGETACIÓN DE LA BIOSFERA

	Superficie ocupada (en millones de km^2)	Carbono producido (en millones de toneladas métricas)
Bosques y selvas	41	16.400
Tierras cultivadas	15	5.250
Pastos y estepas	30	6.000
Zonas áridas y desiertos	40	2.000
Océanos	361	36.100
Ríos y lagos	1,9	190
TOTAL	488,9	65.940

LA ATMÓSFERA Y LA VIDA

Ya hemos visto cómo surgió la atmósfera actual debido a la actividad de los seres vivos. Pero desde que la cantidad de **oxígeno** presente permitió la existencia de organismos fuera del agua, se ha ido produciendo un cambio constante en las relaciones de plantas y animales con esa atmósfera. La mitad de la masa atmosférica se concentra entre el suelo y una altura de poco más de 5.000 metros, disminuyendo después su densidad. Aunque químicamente estable, la atmósfera es un medio muy dinámico con desplazamientos (**viento**, **huracanes**), variaciones en la cantidad de agua (**humedad**, **nubes**) y oscilaciones térmicas. Estos cambios son decisivos para los organismos, que han evolucionado para adaptarse a ellos: plantas de lugares secos y de lugares húmedos, animales terrestres de desierto y de montaña, aves planeadoras, etc.

Por encima de la troposfera, entre 30 y 50 kilómetros de altura, se encuentra la capa de ozono.

La biosfera se limita a la troposfera, que llega hasta los 11 kilómetros de altura.

El conjunto de los fenómenos atmosféricos constituye el **clima**.

Las nubes transportan grandes cantidades de agua y las depositan en la Tierra en forma de lluvia o nieve.

LA HIDROSFERA

La capa de agua que rodea el planeta se llama **hidrosfera** y posee unas características comparables a las de la atmósfera, aunque con algunas diferencias importantes. Una esencial es la **densidad** del agua, unas 770 veces superior a la del aire. Esto permite que los organismos se distribuyan en ella y la utilicen como soporte. Por ese motivo han desarrollado estructuras especiales, como son las **aletas**, presentes en casi todos los animales de aguas libres (peces, mamíferos marinos, etc.). La hidrosfera también es un medio dinámico. En el **mar** se producen **olas** en la superficie a consecuencia del viento y **corrientes** en su interior debido a las diferencias de densidad y de temperatura. Los **ríos** están en constante movimiento desde las zonas altas hasta su desembocadura en el mar o en un **lago**. Estos últimos, por su parte, comparten características del mar y de los ríos.

Las olas están producidas por la influencia del viento en la superficie del mar. Cuando está en contacto con la costa contribuyen a la erosión y modelación de ésta.

El tipo de substrato obliga a los animales a adaptarse. En la roca desnuda las cabras han desarrollado pezuñas afiladas y para la arena los camellos tiene pies ensanchados.

También el espacio exterior influye sobre la dinámica de los océanos: el Sol y la Luna provocan las mareas.

Se da la paradoja que algunos desiertos llegan hasta el mar, pues es la falta de lluvias y la sequedad del aire lo que determina a un desierto.

LA LITOSFERA

El conjunto de la masa sólida del planeta es lo que se conoce como **litosfera**, pero de ella sólo una mínima parte es utilizada por los seres vivos. La porción que se incluye en la biosfera es la superficie, sobre la que viven las plantas y los animales terrestres, y la capa de **suelo** que, por lo general, se reduce a pocos metros por debajo de la superficie. Sólo las raíces de algunas plantas llegan hasta varias decenas de metros en busca de agua, pero la zona donde viven los animales coincide con la capa fértil apta para el crecimiento vegetal. Una excepción son las **cuevas**, que pueden penetrar centenares de metros en la corteza, pero con ellas entra también la atmósfera y, a veces, la hidrosfera.

RELACIONES DE LA VIDA CON SU ENTORNO

Ya sabemos cómo surgió la vida y de qué está hecho el planeta. Ahora veremos cómo las relaciones que mantienen los seres vivos con su entorno físico han ido creando lo que comúnmente llamamos paisajes, es decir, los medios naturales. Son el resultado de millones de años de actividad de plantas y animales y por eso mismo son dinámicos, es decir, están cambiando constantemente.

LOS MEDIOS NATURALES

Para el biólogo, el **medio natural** es equivalente al **ecosistema** que estudiaremos más adelante y que ya definiremos. Ahora vamos a ver esos medios como los paisajes que estudian los geógrafos, es decir, dando la misma importancia al medio físico y a los seres vivos que lo pueblan. Lo hacemos así para mostrar los grandes escenarios en los que se ha desarrollado y se está desarrollando la vida. La primera división que podemos hacer es entre medios **acuáticos** y **terrestres**. Los primeros incluyen los mares y todas las aguas que hay sobre los continentes. Los medios terrestres se diferencian por el relieve (liso, montañoso) y por la vegetación (bosques, desiertos).

Los ríos, lagos, marismas y otras aguas continentales poseen sólo una ínfima parte del total de agua del planeta, pero tienen una gran importancia ecológica.

LA MONTAÑA

Las montañas son un accidente geográfico agreste que obliga a los animales a desarrollar adaptaciones especiales, como son las **pezuñas** antideslizantes de las **gamuzas**. Además, en todos los lugares del planeta se caracterizan por su vegetación, que se dispone formando **pisos**. De este modo, en un espacio reducido aparecen tipos de vegetación muy diferentes, que van desde las **selvas** en la base, los **bosques templados** a media altura y la **tundra** de las zonas altas y la región de **nieves perpetuas** con condiciones similares a las polares.

Los mares constituyen una masa de agua salada que cubre más de los dos tercios de la superficie de nuestro planeta.

Los mares cubren el 70 por ciento de la superficie del planeta y alcanzan una profundidad máxima de algo más de 11 kilómetros. Las plantas (**algas** principalmente) viven sólo en la parte superior, hasta donde llega la luz, y la mayoría lo hacen sujetas al fondo. Los **animales**, en cambio, se distribuyen por toda la masa líquida, unos fijos al substrato (como las esponjas), otros moviéndose sobre él (como las langostas) y otros nadando por encima, cerca de la **costa** o en **aguas libres**.

LAS REGIONES POLARES Y LA TUNDRA

En los dos extremos del eje terrestre los rayos solares inciden más inclinados y calientan mucho menos que en el ecuador. Las temperaturas son muy bajas y el hielo forma un extenso casquete. En el **polo norte**, o **Ártico**, la masa de hielo flota sobre el mar, mientras que en el **polo sur** se encuentra sobre un continente, la **Antártida**. En las tierras más cercanas a las zonas polares, las bajas temperaturas sólo permiten el desarrollo de líquenes, musgos y algunas plantas superiores enanas. Este medio se denomina la **tundra**.

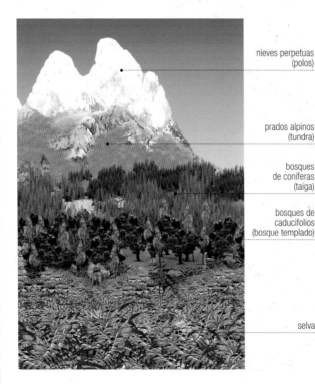

nieves perpetuas (polos)

prados alpinos (tundra)

bosques de coníferas (taiga)

bosques de caducifolios (bosque templado)

selva

En la Antártida, debido a la rigurosidad del clima, la vida se limita a unos líquenes, algas y musgos en cuanto a flora, y a unos pocos insectos, pájaros bobos y focas en cuanto a fauna.

El zorro ártico, el lemming y el reno son animales característicos de la tundra.

DESIERTOS Y ZONAS ÁRIDAS

La falta de agua hace que en determinadas regiones del planeta se formen los **desiertos**. Pueden ser cálidos (**Sahara**) o fríos (**Gobi**) y los hay arenosos con dunas y otros pedregosos. En algunos no existe vida vegetal (por ejemplo, en **Atacama**), pero en otros las lluvias cada ciertos años permiten que crezcan **cactos** y plantas similares. El área de transición entre los desiertos y las regiones más húmedas son las **zonas áridas** y **semiáridas**. El tipo de vegetación en cada una depende de la cantidad de agua disponible, pero suelen ser plantas herbáceas y algunos matorrales.

Dunas del desierto de Rub al Khali, en la península Arábiga.

SABANAS Y PRADERAS

En los terrenos llanos y con cantidades moderadas de agua crecen las **praderas** (como la **Pampa** o la **estepa** rusa) y las **sabanas** (África). La vegetación dominante son las plantas herbáceas, sobre todo gramíneas, con algunos matorrales y, en ocasiones, árboles dispersos. En estas condiciones, casi todos los animales están adaptados para la carrera.

La sabana es característica de regiones cálidas con una larga estación seca, y en ella predominan los arbustos y las hierbas altas.

La taiga es un gran bosque de coníferas de las regiones frías.

BOSQUES Y SELVAS

Cuando abundan las precipitaciones, tanto en terrenos llanos como en montañas, las plantas dominantes son los árboles, que se agrupan formando **bosques** y **selvas**. Se habla generalmente de bosque en las regiones templadas y de selva en las cálidas y ecuatoriales, con lluvias casi constantes. Los bosques pueden ser de **coníferas** o de árboles de hoja **caduca**.

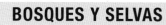

Gracias a una notable pluviosidad y ambiente cálido, la selva posee una densa vegetación.

DEL INDIVIDUO AISLADO A LA POBLACIÓN

De igual manera que los organismos reaccionan ante las condiciones del medio en que viven, también reaccionan ante la presencia de otros seres vivos. Se establecen así relaciones entre distintos organismos, que pueden ser de muy distintos tipos. Unos seres vivos conviven pacíficamente entre sí, pero hay otros que compiten o que se persiguen.

LAS RELACIONES DE LAS CÉLULAS

La **célula** es la unidad de vida más pequeña. En algunos casos constituye un organismo completo, como sucede con los **protozoos**, pero en otros forma parte de un **tejido**. En este caso vive en una relación muy estrecha con otras células iguales a ella. Esa relación es de muy diversos tipos. En un tejido protector como la **piel**, las células que lo forman están estrechamente unidas para no dejar huecos que pudieran permitir la entrada de sustancias u organismos perjudiciales al interior del cuerpo. En el **tejido muscular** están coordinadas para relajarse y contraerse todas al mismo tiempo. En el **tejido nervioso** cada **neurona** actúa como una estación repetidora de la señal que llega de un punto lejano y que debe transmitir a otro lugar.

Las células de un tejido se comunican e intercambian nutrientes, pero conservan su individualidad.

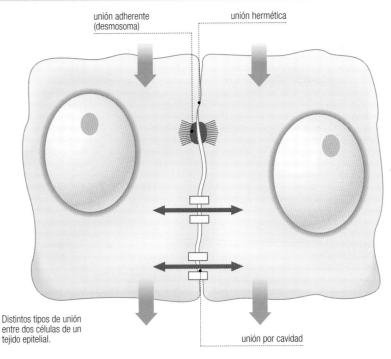

Distintos tipos de unión entre dos células de un tejido epitelial.

unión adherente (desmosoma)

unión hermética

unión por cavidad

LAS RELACIONES DE LOS ORGANISMOS UNICELULARES

En los organismos unicelulares se establecen ya los tipos de relación fundamentales que se dan entre todos los seres vivos. Por un lado están los organismos provistos de clorofila y que fabrican sus propios alimentos (son **autótrofos**) y por el otro los que necesitan alimentarse de la materia orgánica ya elaborada porque no disponen de clorofila (son **heterótrofos**). Entre estos últimos existen varias maneras de obtener ese alimento: cazando otros organismos, alimentándose de materia muerta o parasitando plantas y animales.

ORGANISMOS AUTÓTROFOS Y HETERÓTROFOS

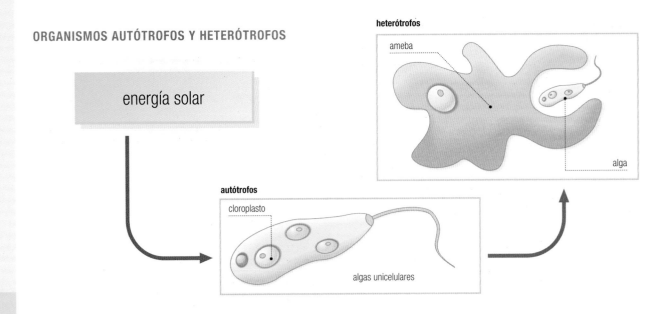

energía solar

heterótrofos

ameba

alga

autótrofos

cloroplasto

algas unicelulares

Introducción

La vida

Vida en
la Tierra

La base
de la vida

Bioquímica

Evolución
y genética

Herencia
y genética

Funciones de
los seres vivos

Cómo
funcionan los
seres vivos

Relaciones
con el exterior

Reproducción
y desarrollo

Clasificación
de los seres
vivos

El mundo
vegetal

El mundo
animal

El mundo
viviente

Índice
alfabético
de materias

LAS PLANTAS Y LOS ANIMALES

Estos dos tipos de organismos **pluricelulares** pueden ser muy complejos. Por lo general, cuanto más evolucionados están mayor es el número de relaciones que mantienen de manera directa o indirecta con otros organismos. Las plantas suelen luchar entre sí por los principales recursos disponibles, como el agua y la luz. Para llegar a ellos crecen más deprisa o a mayor altura, trepan unas encima de otras (**lianas**) o incluso producen sustancias perjudiciales para otras plantas. Sus relaciones con los animales suelen ser defensivas (corteza dura, **espinas**, etc.).

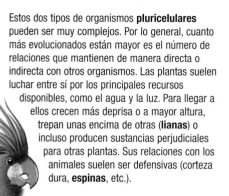

Las diferentes especies animales han poblado todos los medios del planeta, ya sea el aire, el suelo o las aguas.

En la densa selva, las distintas especies vegetales y animales compiten o bien para lograr más luz y más alimento, o bien para procurarse un escondrijo para protegerse.

Los animales mantienen con los restantes organismos varios tipos de relación: son **fitófagos** los que se alimentan de plantas, **carnívoros** los que lo hacen de otros animales, **carroñeros** los que comen cadáveres y **parásitos** los que obtienen el alimento de una presa a la que no llegan a matar.

LAS POBLACIONES

Se define una población como el conjunto de un tipo concreto de organismos en una determinada zona. Podemos hablar de la población de animales en una isla, o de la población de mamíferos dentro de la isla, o bien de la población de murciélagos que viven en las cuevas de esa isla, llegando a concretar una población de una especie de murciélagos (por ejemplo, el orejudo) en la cueva 37 de la isla. De esta manera es más fácil estudiar esa especie y éste es un método utilizado a menudo por los biólogos.

El tamaño de una población es muy importante para una especie. Si es menor de una determinada cantidad, se extingue.

En la sabana africana es fácil observar cómo comparten el territorio las cebras, los ñus y las gacelas.

NUESTRO LABORATORIO LA TIERRA

La Tierra forma parte del sistema solar y posee los mismos elementos, aunque en proporciones diferentes a otros planetas. La mayoría de ellos reaccionan entre sí para dar compuestos. Salvo la primera materia orgánica, que dio origen a la vida, los restantes compuestos son inorgánicos. Sin embargo, tiene una gran importancia para los seres vivos y participan también en la química de plantas y animales.

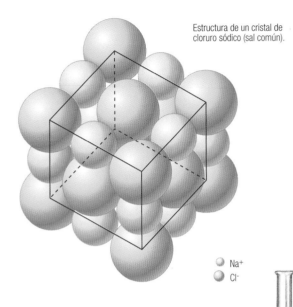

Estructura de un cristal de cloruro sódico (sal común).

Na+
Cl-

LOS ENLACES QUÍMICOS

Los **elementos químicos** no aparecen en general aislados sino que forman parte de **moléculas**. La fuerza que les sujeta para mantenerse unidos se denomina **enlace químico** y es lo que permite que a partir de dos o más elementos aparezca una sustancia con propiedades nuevas. Los tres tipos principales de enlace son el **iónico**, establecido entre **iones** (átomos con carga eléctrica), el **covalente**, formado entre átomos con la misma afinidad por ganar electrones, y el **polar covalente**, cuando dos átomos comparten sus electrones.

→ La energía necesaria para romper un enlace es la misma que se necesita para formarlo y se llama **energía de enlace**.

Enlace de hidrógeno en el agua. Su estructura especial es la responsable de las propiedades físicas y químicas de esta sustancia.

104,5º

107º

SUSTANCIAS HIDROFÍLICAS Y SUSTANCIAS HIDROFÓBICAS

Hay una clasificación de las moléculas en dos tipos que es muy importante para los seres vivos. Se trata de las sustancias o moléculas **hidrofílicas**, que son las que resultan atraídas por las moléculas de agua, y las **hidrofóbicas**, que rechazan el agua. Esto permite que haya sustancias que se disuelven en el agua y otras insolubles. Gracias a esas propiedades, las células y, en general, los organismos pueden crear membranas impermeables para mantener constante su interior.

↓

El **enlace de hidrógeno** no es tan fuerte como el covalente pero es suficiente para mantener unidas entre sí las moléculas de agua (de fórmula química H_2O). Cada una de ellas se une a otras cuatro gracias a que cada átomo de oxígeno se asocia a dos átomos de hidrógeno. Una consecuencia de estas propiedades es la capacidad del agua de mantenerse en estado líquido a temperaturas suaves. Eso hizo posible que surgiera la vida.

Los jugos gástricos de los tiburones son tan ácidos que pueden disolver cualquier alimento que consuma.

ÁCIDOS Y BASES

Los químicos definen un **ácido** como una sustancia que cede protones a otra y **base**, una sustancia que acepta protones de otra. Es decir, ambas se comportan de manera opuesta. Esa propiedad hace que reaccionen con especial intensidad con otras sustancias. En los seres vivos existen ambos tipos: por ejemplo, el clorhídrico en los **jugos gástricos** de los animales y el **bicarbonato** en los tejidos de numerosos organismos.

EL pH

En muchos productos de uso diario podemos leer que su pH es similar al de la piel, lo que significa que no la daña. ¿Qué es el pH? Es un indicador del grado de acidez de una sustancia y es importante porque la membrana de muchas células se destruye si el medio que la rodea es excesivamente ácido o básico. De manera más científica, se la define como «el logaritmo negativo de la concentración de iones hidrógeno».

El pH del agua es 7, es decir, que el agua es neutra.

EL pH DEL AGUA

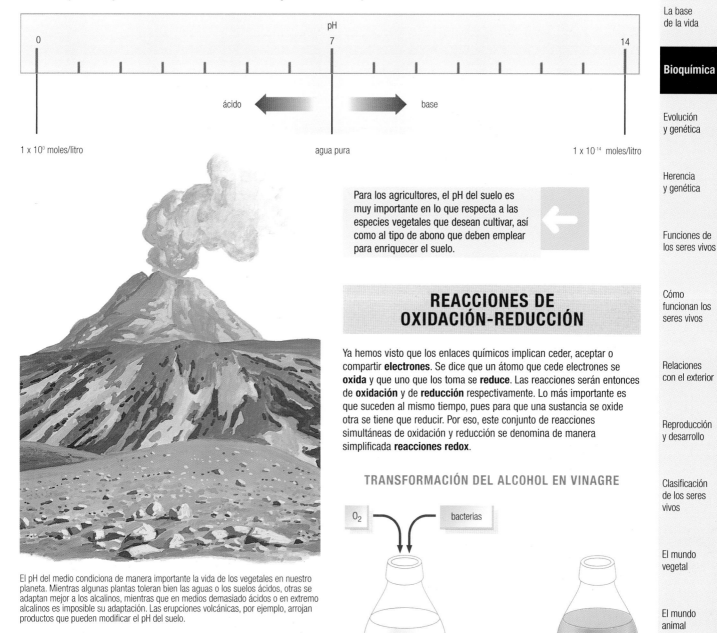

pH

0   7   14

ácido   base

1×10^{0} moles/litro   agua pura 1×10^{-14} moles/litro

Para los agricultores, el pH del suelo es muy importante en lo que respecta a las especies vegetales que desean cultivar, así como al tipo de abono que deben emplear para enriquecer el suelo.

El pH del medio condiciona de manera importante la vida de los vegetales en nuestro planeta. Mientras algunas plantas toleran bien las aguas o los suelos ácidos, otras se adaptan mejor a los alcalinos, mientras que en medios demasiado ácidos o en extremo alcalinos es imposible su adaptación. Las erupciones volcánicas, por ejemplo, arrojan productos que pueden modificar el pH del suelo.

En la naturaleza se producen muchas reacciones redox, como la transformación del alcohol en ácido acético y agua (vinagre) por la acción de unas bacterias.

REACCIONES DE OXIDACIÓN-REDUCCIÓN

Ya hemos visto que los enlaces químicos implican ceder, aceptar o compartir **electrones**. Se dice que un átomo que cede electrones se **oxida** y que uno que los toma se **reduce**. Las reacciones serán entonces de **oxidación** y de **reducción** respectivamente. Lo más importante es que suceden al mismo tiempo, pues para que una sustancia se oxide otra se tiene que reducir. Por eso, este conjunto de reacciones simultáneas de oxidación y reducción se denomina de manera simplificada **reacciones redox**.

TRANSFORMACIÓN DEL ALCOHOL EN VINAGRE

O_2 bacterias

ETANOL   VINAGRE

$C_2H_5OH + O_2 + bacterias \longrightarrow CH_3COOH + H_2O$

LAS PLANTAS, UNA FÁBRICA DE ALIMENTOS

Los animales existen gracias a las plantas y a los vegetales en general, que son los únicos organismos capaces de transformar la materia inorgánica del medio en materia orgánica con ayuda de agua y de la energía solar. Este proceso tiene lugar dentro de los cloroplastos de las hojas, que actúan como diminutas fábricas.

LA HOJA Y LOS CLOROPLASTOS

Los cloroplastos son **estructuras aplanadas** que se encuentran en el interior de las células vegetales, en ocasiones en gran número (hasta 50). Aparecen rodeados de una membrana y contienen clorofila, ADN, ribosomas y una gran cantidad de enzimas. La **clorofila** es un pigmento capaz de absorber la luz y almacenarla en forma de compuestos químicos.

Los cloroplastos se encuentran principalmente en las hojas. Si damos un corte transversal a un hoja, con ayuda de una lupa podremos ver las células que, agrupadas, forman varios tejidos. Estas células contienen una gran cantidad de cloroplastos. Éste es el motivo de que sean las hojas el principal órgano de fabricación de oxígeno.

En el interior de las hojas se produce la fotosíntesis, una reacción química que combina dióxido de carbono y agua para producir glucosa.

1. la planta sintetiza las sustancias nutritivas gracias a la fotosíntesis
2. este proceso se realiza en las hojas
3. emplea agua que absorben las raíces
4. las clorofilas, unos pigmentos verdes situados en los cloroplastos captan la energía de la luz

Aparte de su labor purificadora del aire, las plantas proporcionan a los seres humanos alimentos, ya sean silvestres o mediante cultivo, además de fibras, madera y otros elementos de gran utilidad.

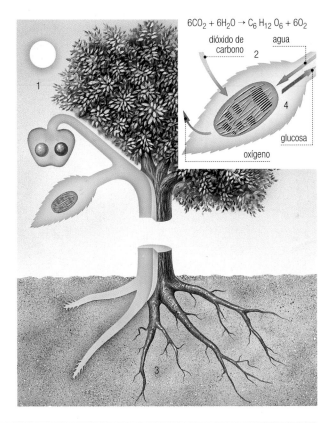

$$6CO_2 + 6H_2O \rightarrow C_6H_{12}O_6 + 6O_2$$

dióxido de carbono 2

agua

4

glucosa

oxígeno

1

3

LA FOTOSÍNTESIS

La fotosíntesis comprende dos fases principales: la fase oscura y la fase luminosa.

Un médico holandés, van Helmont, realizó a mediados del siglo XVII un curioso experimento: plantó un sauce en una maceta, pesó exactamente la cantidad de tierra y la aisló para evitar que estuviera en contacto con el exterior, dejando sólo orificios para el agua de riego. Al cabo de cinco años repitió la medida: la tierra pesaba prácticamente lo mismo, pero el sauce había ganado más de 70 kg. Van Helmont dedujo que el aumento de peso se debía sólo al agua. A finales del siglo siguiente se averiguó que el aumento de masa de las plantas se debía a los gases del aire y a la presencia de luz. La planta había fabricado materia vegetal con ayuda de esos gases, el agua y la luz. El proceso se llamó fotosíntesis (foto = luz, síntesis = fabricación). Hoy sabemos que no es sólo una reacción sino un conjunto de varias.

Aunque todas las plantas precisan de la luz, no todas necesitan de la misma cantidad de luz.

La fotosíntesis tiene lugar en dos etapas principales: un conjunto de reacciones que tienen lugar en la oscuridad forman la **fase oscura** (no necesita luz) y otro que se producen en presencia de luz forman la **fase luminosa**. Durante esta última, gracias a la energía solar se descompone el agua en hidrógeno y oxígeno y se forman moléculas de **ATP** (una molécula que almacena energía). Después, en la fase oscura se utilizan las moléculas de energía para fijar el **dióxido de carbono** (CO_2) al agua y producir glucosa.

Introducción

La vida

Vida en
la Tierra

La base
de la vida

Bioquímica

Evolución
y genética

Herencia
y genética

Funciones de
los seres vivos

Cómo
funcionan los
seres vivos

Relaciones
con el exterior

Reproducción
y desarrollo

Clasificación
de los seres
vivos

El mundo
vegetal

El mundo
animal

El mundo
viviente

LA CLOROFILA

Se trata de un pigmento con capacidad de absorber la radiación solar. En realidad es un conjunto de dos pigmentos similares, la **clorofila a** y la **clorofila b**, que se diferencian porque cada una absorbe preferentemente un color de la luz (una zona de longitudes de onda). La clorofila se encuentra dentro de los **cloroplastos** y es la responsable de la fase luminosa de la **fotosíntesis**: la energía que absorbe sirve para descomponer el agua y formar moléculas de **ATP**. Además de clorofila, los cloroplastos contienen otros pigmentos de diferentes colores y que absorben otras longitudes de onda de la luz. Entre ellos destacan los carotenoides, que van del rojo al amarillo.

ESPECTROS DE ABSORCIÓN DE LAS CLOROFILAS A Y B

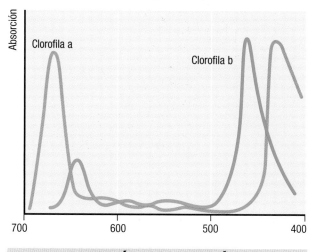

leguminosa

LA FIJACIÓN DEL NITRÓGENO

Las plantas fabrican materia orgánica durante la fotosíntesis, pero el proceso general de esta fabricación comprende también otra reacción muy importante, la de fijar el **nitrógeno**, es decir, producir un compuesto que lo contenga. Se trata de un elemento que forma parte de las **proteínas** por lo que todos los seres vivos lo necesitan, incluidas las plantas. El nitrógeno atmosférico lo fijan en forma de **nitratos** (consumiendo mucha energía) ciertas bacterias, especialmente del género *Rhizobium*, que viven como simbiontes en las raíces de algunas plantas (principalmente las leguminosas como las lentejas o la alfalfa). Las plantas que no tienen estas bacterias tienen que absorber el nitrógeno en forma de los nitratos ya existentes en el suelo y si no los encuentran acaban por morir.

Las bacterias
nitrificantes *(Rhizobium)*
viven formando nódulos
en las raíces de las
leguminosas.

nódulos de bacterias

La clorofila es
verde porque
refleja la luz verde
que no utiliza.

La clorofila es la sustancia verde
(entre otras sustancias) que da color
a las partes aéreas jóvenes de la
mayoría de las plantas.

LA QUÍMICA DE LOS ANIMALES

Al igual que sucede con todos los seres vivos, también los animales están formados por sustancias químicas organizadas en estructuras químicas (células, tejidos, órganos, etc.) en cuyo interior tienen lugar reacciones químicas. Estas reacciones son las que les mantienen vivos pues transforman los alimentos en materia corporal, producen calor, dan lugar a movimientos, etc. Otras sustancias sirven para controlar todo el mecanismo.

EL METABOLISMO

Para poder vivir, los animales necesitan **energía**. La obtienen de la materia orgánica que constituye su alimento. En unos casos serán las plantas (lo hacen los **herbívoros** como la vaca) en otros casos animales que les sirven de presa (es lo que sucede con los **carnívoros** como el lobo). En el interior de su cuerpo el alimento se desintegra hasta formar compuestos simples que nutren a las células. Todo ello se realiza por medio de **reacciones químicas**. El conjunto de estas reacciones se denomina metabolismo.

> Todas las sustancias que se producen en el curso de las reacciones metabólicas se llaman **metabolitos**.

ESQUEMA DE LAS PRINCIPALES REACCIONES QUE TIENEN LUGAR EN EL INTERIOR DE UN ANIMAL

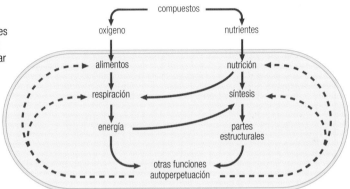

EL CUERPO: UNA FACTORÍA QUÍMICA

Tanto la respiración como la nutrición de las células son reacciones químicas, así que las **células** actúan como pequeñas fábricas que obtienen energía de los alimentos y la utilizan para crecer y para reproducirse, originando nuevas células que darán forma al cuerpo del animal. Las células forman **tejidos** y **órganos** y cada una de estas estructuras altamente organizadas realiza una función determinada (absorber oxígeno del aire, transformar los alimentos, producir células reproductoras, etc.). Sin embargo, para que el conjunto de órganos que forman el cuerpo funcionen de manera coordinada es necesario un sistema de control (envío de órdenes, transporte de mensajes, etc.). Esto se hace con ayuda de dos sistemas: uno es el nervioso, el otro es de tipo químico y lo forman las sustancias llamadas **hormonas**.

El cuerpo de una vaca está formado por millones de células que trabajan de manera coordinada gracias al sistema de control hormonal.

LAS HORMONAS DE LOS INSECTOS

Un insecto típico experimenta desde que se forma el huevo hasta que aparece el adulto una serie de transformaciones que constituyen el fenómeno conocido como **metamorfosis**. Además, su esqueleto es externo, a modo de coraza, por lo que para crecer debe cambiar de esqueleto y fabricarse uno nuevo, más grande. El cambio de esa cubierta externa se denomina **muda**. Pues bien, ambos procesos se producen con extraordinaria exactitud gracias a una serie de hormonas que actúan conjuntamente para coordinarlos. En cada etapa de la metamorfosis, los órganos internos (por ejemplo, encéfalo) producen hormonas que desencadenan el paso siguiente. Lo mismo sucede con la muda.

Un método de lucha biológica contra las plagas es suministrar a los insectos hormonas que perturben su ciclo vital.

El tiroides produce tiroxina: en los anfibios controla la metamorfosis, en los humanos su ausencia provoca bocio.

TRANSFORMACIÓN DE LA ORUGA EN MARIPOSA

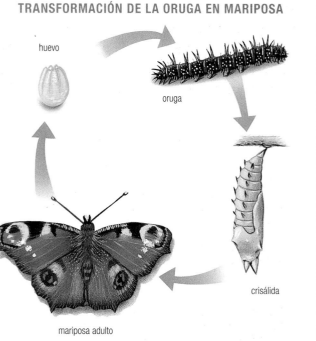

huevo

oruga

crisálida

mariposa adulto

El sistema regulador químico que funciona mediante hormonas se llama **sistema endocrino**.

LA ENDOCRINOLOGÍA DE LOS MAMÍFEROS

ÓRGANOS ESPECIALIZADOS EN LA PRODUCCIÓN DE HORMONAS

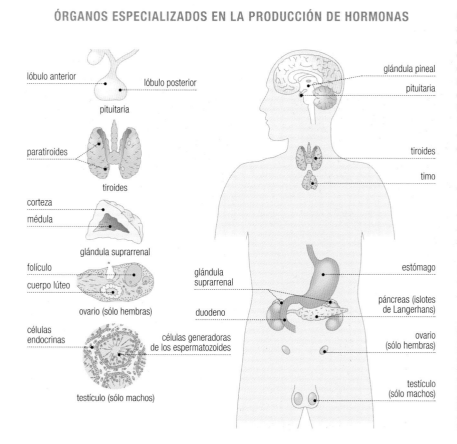

lóbulo anterior

lóbulo posterior

pituitaria

paratiroides

tiroides

corteza

médula

glándula suprarrenal

folículo

cuerpo lúteo

ovario (sólo hembras)

células endocrinas

testículo (sólo machos)

células generadoras de los espermatozoides

glándula suprarrenal

duodeno

glándula pineal

pituitaria

tiroides

timo

estómago

páncreas (islotes de Langerhans)

ovario (sólo hembras)

testículo (sólo machos)

Los mamíferos, como los seres humanos, son animales muy complejos, con numerosos órganos y sistemas orgánicos. La coordinación de todos ellos es doble, por un lado mediante el sistema nervioso y por otro con un sistema hormonal muy perfeccionado. Hay varios órganos especializados en la producción de hormonas decisivas para el desarrollo del individuo. Entre ellas están la **hipófisis** (o glándula pituitaria), muy importante pues coordina el funcionamiento de casi todas las restantes glándulas. El **tiroides** controla el metabolismo orgánico regulando la cantidad de calor producida por el cuerpo. El **páncreas** produce la **insulina**, que regula la cantidad de glucosa en la sangre. Los **testículos** producen **andrógenos** que determinan los caracteres sexuales secundarios masculinos. Los **ovarios** producen, entre otras hormonas, **progesterona** que prepara el útero para el embarazo. Como vemos, todas las actividades animales vienen reguladas por una hormona.

La pituitaria produce numerosas hormonas, entre ellas la hormona del crecimiento (HHC) y la hormona estimulante del folículo (HEF), que produce estrógenos.

LA HISTORIA DE LA VIDA EN NUESTRO PLANETA

Desde que apareció la vida sobre nuestro planeta hasta nuestros días han transcurrido entre 3.500 y 3.600 millones de años, o quizás algo más. El primer organismo era una **molécula** de materia orgánica que adquirió la capacidad de crecer, relacionarse y multiplicarse. Desde ese momento comenzó a actuar la evolución y el resultado fueron organismos cada vez más complejos. Los primeros eran **unicelulares** marinos. Más tarde se hicieron **pluricelulares**, también marinos, hasta que las condiciones fuera del agua fueron lo suficientemente buenas como para dar el salto al exterior. Así comenzaron a aparecer las **plantas** y los **animales** terrestres, que desarrollaron todo de tipo de formas y modos de sobrevivir.

Procesos que tuvieron lugar
en tierra firme y en los océanos
durante la era Arqueozoica.

LA ERA ARQUEOZOICA

Es el período más antiguo pues comenzó hace unos 3.600 millones de años. Parece ser que había una gran actividad volcánica, gigantescas tormentas y una erosión muy intensa en las tierras emergidas. Durante esta era aparecieron los primeros organismos.

LA ERA PROTEROZOICA

Comenzó hace unos 1.600 millones de años. En este período tuvieron lugar las glaciaciones más antiguas. La erosión fue muy intensa y al final aumentó de nuevo la actividad volcánica. El mar comenzó a poblarse de gusanos, medusas y esponjas, acompañados de varios tipos de algas.

Escena del Pérmico.

Escena del Paleozoico.

LA ERA PALEOZOICA

Comenzó hace unos 600 millones de años. Al principio fue una época cálida, pero después aumentó la aridez y finalizó con nuevas glaciaciones. Se divide en seis períodos de características diferenciables. La fauna marina se diversificó mucho, destacando los **trilobites** y entre los vertebrados los **peces cartilaginosos**. Los insectos comenzaron a conquistar la tierra firme, a mediados del período aparecieron los **anfibios**, seguidos de los **reptiles** y al final los primeros **dinosaurios**. Las plantas terrestres se diversificaron mucho y crecieron **bosques** muy frondosos que originaron los actuales yacimientos de carbón.

Era	Período	Duración (millones de años)	Comenzó hace (millones de años)
Arqueozoica		2.000	3.600
Proterozoica		1.000	1.600
Paleozoica	Cámbrico	100	600
	Ordovícico	75	500
	Silúrico	20	425
	Devónico	60	405
	Carbonífero	65	345
	Pérmico	50	280
Mesozoica	Triásico	50	230
	Jurásico	45	180
	Cretácico	70	135
Cenozoica	Terciario	64	65
	Cuaternario	1	1

El brontosaurus era un dinosaurio de la era paleozoica. Medía unos 22 metros de longitud y se calcula que podía pesar unas 30 toneladas.

LA ERA MESOZOICA

Comenzó hace unos 230 millones de años. El mar cubrió muchas veces los continentes y a mediados de la era hubo gran actividad de formación de **montañas**. Desaparecieron muchos de los animales más antiguos y en el mar dominaron los **cefalópodos**. En tierra firme hubo una gran diversificación de insectos. En esta época aparecieron las primeras **aves** y los primeros **mamíferos** y se produjo el máximo apogeo de los dinosaurios, que se extinguieron al final del mesozoico. Entre las plantas comenzó el dominio de las **fanerógamas**.

La era cenozoica comenzó hace unos 65 millones de años y durante ella tuvieron lugar varios períodos de **glaciaciones**. Los continentes fueron adquiriendo la forma actual, aparecieron las plantas **monocotiledóneas** y comenzó el dominio de los **mamíferos placentados**.

En la era mesozoica comenzaron a aparecer los mamíferos, como este platybelodon, precursor del elefante.

LOS FÓSILES: LA HISTORIA DE LA VIDA

Hoy sabemos que las especies actuales proceden de otras anteriores gracias al proceso de la evolución, pero eso sólo ha sido posible gracias al estudio de los restos de esos organismos. Nos han proporcionado las pruebas de que la evolución viene teniendo lugar en nuestro planeta desde la aparición de la vida. La paleontología es la ciencia que estudia esos restos, los fósiles.

LA PALEONTOLOGÍA

Esta ciencia surgió especialmente durante el siglo XIX, cuando se descubrieron restos fosilizados de grandes animales que despertaron el interés de los científicos, aunque ya se conocían los **fósiles** desde la antigüedad. La **paleontología** intenta conocer cómo eran las plantas y los animales del pasado basándose en los restos que han llegado hasta nosotros. Para conseguirlo compara las características anatómicas de los distintos grupos y se ayuda de la geología para determinar las distintas épocas. Dos ramas importantes de la paleontología son la **paleobiología**, que estudia desde un punto de vista biológico los fósiles y la **paleoecología**, que estudia las condiciones ecológicas de la época en que vivieron los organismos fosilizados.

Los trilobites son unos fósiles relativamente fáciles de encontrar. Eran una clase de artrópodos, de entre 3 y 10 centímetros de longitud, que poblaban los litorales y los fondos marinos poco profundos del Paleozoico.

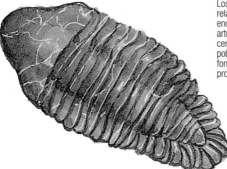

Un principio muy importante de la paleontología (actualismo) dice: las especies fosilizadas se regían por las mismas leyes biológicas que las especies actuales.

Los fósiles nos ayudan a comprender cómo eran los animales y las plantas de hace millones de años.

Árboles fosilizados en un bosque petrificado de la Patagonia argentina.

LA FOSILIZACIÓN

Cuando un organismo muere, por lo general, sus restos se descomponen y acaban desapareciendo. Sin embargo, hay veces en que por alguna circunstancia no sucede así. Los restos quedan protegidos de la putrefacción y acaban transformándose en un **fósil**. El proceso se llama fosilización y consiste en que mediante **reacciones químicas**, poco a poco la materia orgánica es sustituida por inorgánica. De este modo, encontramos el fósil en forma de roca, donde todos los órganos o partes de la planta o el animal se han transformado en un mineral, pero conservando su forma.

La presencia de fósiles de especies tropicales en regiones frías son una evidencia de los cambios climáticos y del desplazamiento de los continentes.

TIPOS DE FÓSILES

Los fósiles normales suelen conservar sólo las partes duras de un animal, es decir, su **esqueleto**, su **caparazón**, etc. En otros casos lo que encontramos son las **huellas** o **moldes** de su presencia. Lo que sucede es que el organismo quedó en un material blando (por ej., lodo) que después se convirtió en roca y conserva un vaciado del cuerpo. También son de este tipo las huellas que dejaron al pisar sobre un terreno blando. Se llaman **fósiles químicos** las sustancias químicas de origen orgánico que se encuentran en terrenos sedimentarios y que sirven para saber el tipo de organismos que vivieron allí.

Concha fosilizada de Ammonites, un molusco cefalópodo que vivió entre el Triásico y la era secundaria. Su estudio es muy útil para los geólogos con el fin de determinar la edad de los suelos.

Esqueleto fósil de un dinosaurio reconstruido.

LOS FÓSILES VIVIENTES

Se da este nombre a aquellos animales o vegetales vivos en la actualidad, pero que se creía que estaban ya extinguidos o que pertenecen a un grupo muy antiguo, del que son los únicos representantes en nuestros días. Uno de los casos más conocidos es el del **celacanto**, un pez encontrado a comienzos del siglo xx en el océano Índico y que se creía que había desaparecido hace más de 100 millones de años. Tiene características muy primitivas y ha resultado de gran utilidad para comprobar las teorías acerca de cómo debían ser todos los miembros de ese grupo durante la era **mesozoica**.

El celacanto es el único representante de los celacantiformes, un grupo de peces desaparecidos en el Cretácico.

Los científicos capturaron los primeros celacantos vivos durante la década de 1930.

El hielo es también un buen conservante, que ha permitido encontrar animales enteros de hace miles de años, como los mamuts.

La carne de los mamuts enterrados en los hielos eternos podría consumirse en la actualidad.

LA EVOLUCIÓN Y SUS MECANISMOS

Para que a partir de una diminuta célula exista hoy la enorme variedad de organismos que pueblan el planeta es necesario un proceso, conocido como evolución. Tiene lugar mediante pequeños cambios que aparecen en individuos aislados y que conducen con el tiempo a la aparición de nuevas especies. Sus mecanismos son muy variados pero relativamente sencillos.

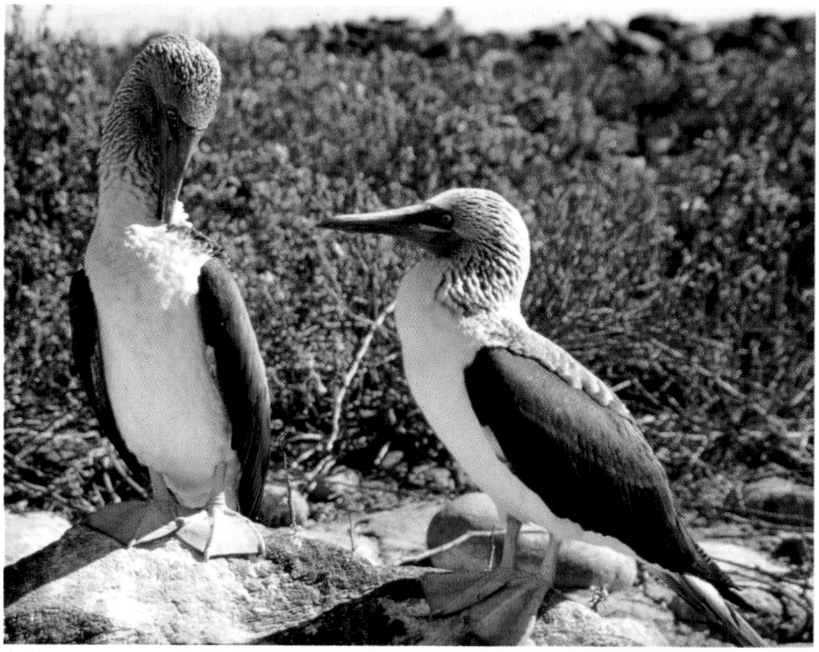

Las islas, como las Galápagos, son un excelente lugar para que se originen nuevas especies. En la imagen, piqueros de patas azules, característicos de las Galápagos.

LA ESPECIACIÓN

Se llama especiación a la **formación** de una especie, es decir a la aparición de un conjunto de organismos con unas características propias y capaces de reproducirse entre ellos. Una de las maneras más frecuentes de aparición de nuevas especies es por **aislamiento**. Por ejemplo, los **pinzones de Darwin**. Fueron originalmente pinzones del continente americano que llegaron a las islas Galápagos. La evolución hace que poco a poco se produzcan cambios en los organismos, pero como los pinzones de las islas estaban sometidos a unas condiciones distintas a las que imperaban en el continente, su evolución fue siguiendo un camino diferente. El resultado fueron nuevas especies de pinzones.

Charles Darwin publicó en 1859 su libro *El origen de las especies*, donde exponía su teoría de la evolución.

PRUEBAS DE LA EVOLUCIÓN

Existen varias pruebas que demuestran la existencia del proceso evolutivo. La **paleontología** es una ciencia que ha aportado numerosos datos gracias al estudio de los **fósiles**. En muchas especies existen formas fósiles de las distintas etapas de su evolución, mostrando los cambios paulatinos que han conducido hasta la actualidad. La **anatomía comparada** es muy útil y consiste en comparar partes anatómicas de distintas especies para establecer sus similitudes y diferencias y deducir su grado de parentesco. El **desarrollo embrionario** también demuestra la evolución pues todo animal va pasando (en el embrión) por las etapas que recorrió su especie hasta la actualidad: por ejemplo, el embrión humano muestra una cola, como otros primates, que luego desaparece. Las modernas tecnologías han aportado también nuevas pruebas gracias al estudio de los **cromosomas** y de la **bioquímica** de los organismos.

Un ejemplo de cambio por mutación puede ser un pico más largo en un ave, lo que le permite alimentarse de insectos que viven enterrados en el suelo. Si el cambio ha sido favorable, se transmitirá a los descendientes, pero si no lo es (por ejemplo, porque esa ave viva en un lugar de suelo rocoso) desaparecerá ya que el individuo que lo lleva morirá y no lo transmitirá a sus descendientes.

EVOLUCIÓN DE LOS VERTEBRADOS

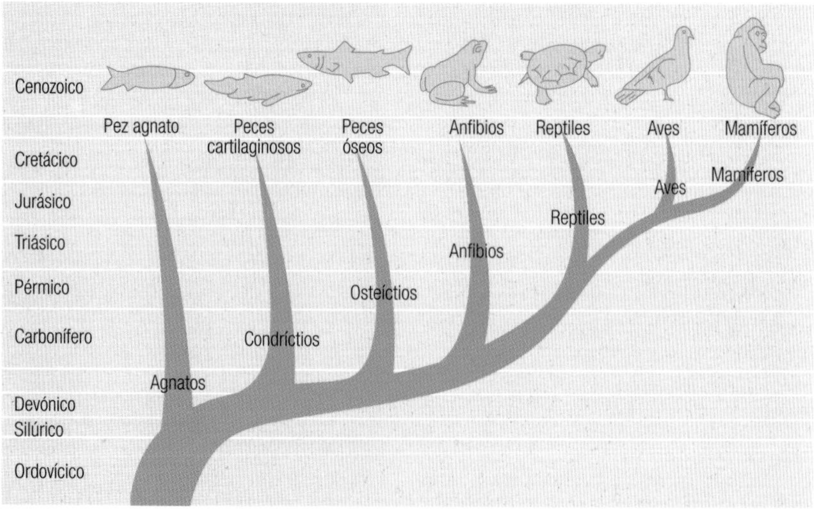

Cenozoico
Cretácico
Jurásico
Triásico
Pérmico
Carbonífero
Devónico
Silúrico
Ordovícico
Pez agnato
Peces cartilaginosos
Peces óseos
Anfibios
Reptiles
Aves
Mamíferos
Mamíferos
Aves
Reptiles
Anfibios
Osteíctios
Condríctios
Agnatos

Introducción

La vida

Vida en
la Tierra

La base
de la vida

Bioquímica

**Evolución
y genética**

Herencia
y genética

Funciones de
los seres vivos

Cómo
funcionan los
seres vivos

Relaciones
con el exterior

Reproducción
y desarrollo

Clasificación
de los seres
vivos

El mundo
vegetal

El mundo
animal

El mundo
viviente

Índice
alfabético
de materias

MECANISMOS DE LA EVOLUCIÓN

Se denominan así los factores que hacen que
un determinado individuo o especie adquieran
una nueva característica que le haga
diferenciarse de sus antecesores. Pero esos
cambios deben ser **heredables** porque de lo
contrario desaparecen con la muerte del
individuo. Los cambios deben producirse en
su **material genético** y el modo en que esto
sucede es mediante las mutaciones. Un factor
cualquiera (temperatura, radiación, etc.)
provoca un cambio en los genes que se
transmitirá a la descendencia. A continuación,
actúa lo que llamamos **selección natural**, que
permite la supervivencia de los individuos
mejor adaptados a determinadas condiciones.

EVOLUCIÓN DE LOS VEGETALES

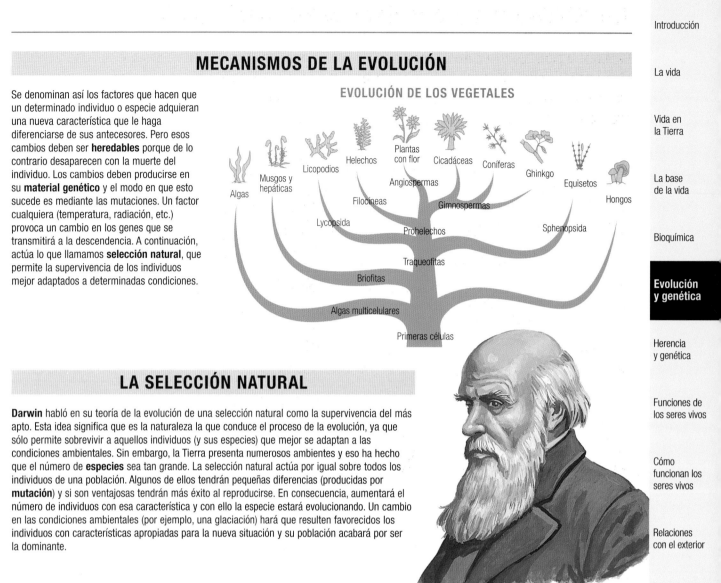

LA SELECCIÓN NATURAL

Darwin habló en su teoría de la evolución de una selección natural como la supervivencia del más
apto. Esta idea significa que es la naturaleza la que conduce el proceso de la evolución, ya que
sólo permite sobrevivir a aquellos individuos (y sus especies) que mejor se adaptan a las
condiciones ambientales. Sin embargo, la Tierra presenta numerosos ambientes y eso ha hecho
que el número de **especies** sea tan grande. La selección natural actúa por igual sobre todos los
individuos de una población. Algunos de ellos tendrán pequeñas diferencias (producidas por
mutación) y si son ventajosas tendrán más éxito al reproducirse. En consecuencia, aumentará el
número de individuos con esa característica y con ello la especie estará evolucionando. Un cambio
en las condiciones ambientales (por ejemplo, una glaciación) hará que resulten favorecidos los
individuos con características apropiadas para la nueva situación y su población acabará por ser
la dominante.

Recién graduado, en
1831 Darwin se embarcó
en el *Beagle* y durante
cinco años
(«continuamente
mareado», según escribió
en su *Diario*) recorrió
América del sur y las
islas del Pacífico
haciendo observaciones
científicas; estos datos
constituirían la base para
fundamentar su famosa
teoría de la evolución de
las especies.

Las condiciones
extremas de la alta
montaña sólo permiten el
desarrollo de animales y
plantas con capacidad
para adaptarse a ellas.

LAS BASES DE LA HERENCIA

La forma alargada de un gusano, las flores rojas o blancas de un rosal, la trompa del elefante o el color de nuestros ojos o de nuestro cabello son características que se repiten en los distintos individuos de cada especie. Son caracteres que se heredan y cada uno de ellos se "fabrica" siguiendo las instrucciones que dan los genes a las células encargadas de producir los tejidos y los órganos.

LA GENÉTICA

Esta ciencia, que hoy tiene tanta importancia y popularidad en los medios de comunicación, se dedica a estudiar el modo de transmisión de los caracteres de unas generaciones a otras. Mendel, a mediados del siglo XIX, descubrió las leyes que rigen la herencia, pero hasta que no se descubrieron, ya en el siglo XX, los elementos físicos que la hacen posible, el material genético, no comenzó el desarrollo definitivo de la genética.

El **genotipo** es la constitución genética de un individuo referida a uno o más caracteres, por ejemplo, los genes del color de los ojos.

Con el descubrimiento de las leyes de la herencia, Mendel inició la ciencia de la genética.

LOS GENES

Se define el **gen** como la unidad de material hereditario que se transmite de una generación a la siguiente y que es capaz de experimentar **mutaciones**, que se puede **recombinar** con otros genes y que puede controlar que el organismo produzca un determinado carácter.

El **fenotipo** es la manifestación externa del genotipo, por ejemplo el color que determinan los genes del color de los ojos.

ESTRUCTURA TÍPICA DE UN CROMOSOMA

cromatidio

brazo

telómero

centrómero

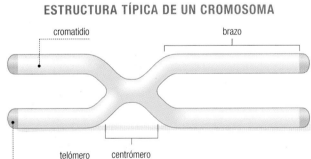

Cada uno de los caracteres de un animal o de una planta vienen determinados por un gen, ya sea el color, la forma o sus capacidades de desplazamiento (en el escarabajo) o de resistencia de las semillas (en la flor).

La palabra herencia proced[e] del latín *haerentia*, que significa "cosas vinculadas o "pertenencia", y la palabr[a] genética proviene del grieg[o] *genesis*, que quiere decir "origen" o "creación" de una cosa.

Introducción

La vida

Vida en
la Tierra

La base
de la vida

Bioquímica

Evolución
y genética

**Herencia
y genética**

Funciones de
los seres vivos

Cómo
funcionan los
seres vivos

Relaciones
con el exterior

Reproducción
y desarrollo

Clasificación
de los seres
vivos

El mundo
vegetal

El mundo
animal

El mundo
viviente

Índice
alfabético
de materias

EL CROMOSOMA

El cromosoma es una estructura del interior del **núcleo de la célula**, fácilmente coloreable y que se puede ver durante el proceso de división. Está constituido principalmente por ácido desoxirribonucleico, el **ADN**, y proteínas. Su forma es más o menos alargada y consta de un par de brazos unidos por un punto, que puede estar en el centro o en uno de los extremos. Los cromosomas llevan el material genético (los **genes**) y su número es muy variable, pero siempre el mismo para cada especie.

NÚMERO DE CROMOSOMAS DE DISTINTAS ESPECIES

Especie	Número de cromosomas
Ascaris	3
Mosca de la fruta	8
Champiñón	8
Maíz	20
Víbora	36
Seres humanos	46
Rosal	56
Carpa	104
Nenúfar	112
Ofioglosa	520

El ADN tiene la capacidad de duplicarse: se divide en dos hebras y cada una de ellas produce una nueva.

EL ADN

El **ácido desoxirribonucleico**, conocido como **ADN**, es un componente esencial de los cromosomas y es la sustancia que forma los **genes**. Se trata de un polímero, es decir, una molécula gigante formada por un gran número de unidades más pequeñas, los **nucleótidos**. Sin embargo, sólo contiene cuatro nucleótidos, pero es suficiente pues se combinan entre sí. Esta macromolécula consta de dos filamentos que están enrollados entre sí formando una especie de escalera de caracol: a esta estructura se la denomina **doble hélice**.

ESQUEMA DE LA SÍNTESIS DE LAS PROTEÍNAS

ADN

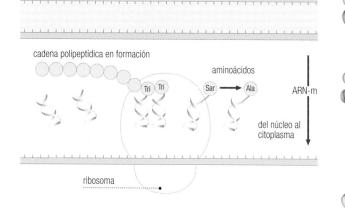

cadena polipeptídica en formación

aminoácidos

Tri Tri   Sar → Ala

ARN-m

del núcleo al citoplasma

ribosoma

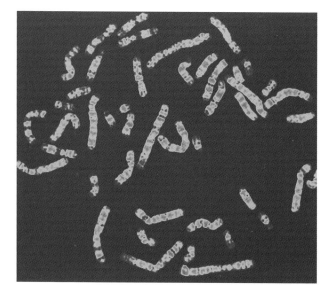

Visión al microscopio electrónico de los cromosomas de un ser humano.

EL CÓDIGO GENÉTICO: UN LENGUAJE UNIVERSAL

La información genética se encuentra dentro del **ADN** y para que se puedan **sintetizar las proteínas**, el ADN produce un mensajero que se encarga de transmitir las órdenes. El mensajero es el **ARN-m** (ácido ribonucleico mensajero): es una macromolécula alargada que lleva copiada la información del ADN. Cuando llega a un ribosoma se fija a él y comienza a fabricarse la proteína.

Las órdenes se transmiten mediante una combinación de bases. El ADN tiene cuatro diferentes (A, G, C, U) que pueden dar en total 64 combinaciones. Como sólo hay que producir 20 **aminoácidos** para fabricar las proteínas, es suficiente con ese número. Las distintas combinaciones de tres bases son lo que se llama el **código genético**.

James Watson y Francis Crick descubrieron en 1953 la estructura en doble hélice del ADN.

Estructura en doble hélice del ADN.

LAS LEYES DE LA HERENCIA

Los caracteres de cada individuo vienen fijados en los genes que lleva. En los organismos con reproducción sexual, cada individuo resulta de la fusión de dos células sexuales, cada una de las cuales aportará sus propios genes. El resultado es una combinación que hará que presente en mayor o menor grado los caracteres de sus progenitores. La explicación nos la dan las leyes descubiertas por Mendel.

TRANSMISIÓN DE LOS CARACTERES

Cada uno de los caracteres viene controlado por un **gen** y la mayoría de los organismos superiores llevan dos genes para cada uno de ellos, es decir, que son **diploides**. Esto se representa por letras, por ejemplo, AA. Esto sería lo que se llama un **carácter puro** (por ejemplo, el color blanco), otro sería BB (por ejemplo, el color negro). Pero también puede haber caracteres **híbridos**, como el gris, que se representaría entonces por AB. Sin embargo, no todos los genes son igual de fuertes cuando tienen que producir su carácter. Por eso, si ese híbrido AB no fuera gris sino blanco diríamos que el blanco es **dominante** y el negro **recesivo**. Como esos genes afectan a un mismo carácter (el color) se representan por la misma letra y entonces el blanco sería AA, el negro aa y el híbrido Aa.

En un mismo rebaño de ovejas podemos encontrar algunas blancas y otras negras.

Entre los estudios de Mendel con los guisantes (1864) y la investigación directa con genes transcurrió más de un siglo.

LAS EXPERIENCIAS DE MENDEL

Para descubrir sus leyes, **Mendel** utilizó **razas puras** de guisante, que diferían sólo en un carácter (verdes o grises, con la superficie lisa o rugosa). De este modo, los resultados fueron claros y pudo deducir de qué forma se combinaban los genes. Sin embargo, son aplicables también a los casos complicados en que se mezclan varios caracteres.

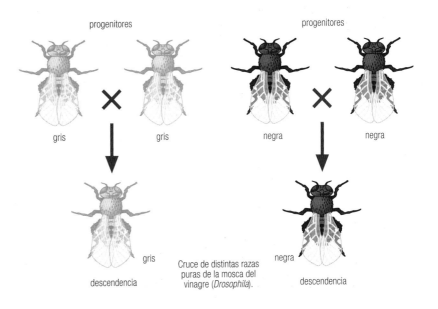

progenitores

gris gris

negra negra

gris

negra

descendencia

descendencia

Cruce de distintas razas puras de la mosca del vinagre (*Drosophila*).

PRIMERA LEY DE MENDEL

Cuando se mezclan dos razas puras que se diferencian en un determinado carácter, todos sus descendientes son iguales y su fenotipo coincide con el de uno de los progenitores.

Por ejemplo, cruzando moscas grises y moscas negras, todos los descendientes son grises. Ello se debe a que la alternativa "gris" del carácter "color del cuerpo" es dominante sobre la alternativa "negra".

SEGUNDA LEY DE MENDEL

Cuando se cruzan dos individuos híbridos (la generación 2 resultante de la generación 1 de individuos puros), los descendientes presentan los fenotipos de la primera generación en una proporción fija.

Por ejemplo, cruzando moscas grises híbridas (resultantes del cruce de moscas grises y negras), una cuarta parte de los descendientes serán negros y tres cuartas partes grises.

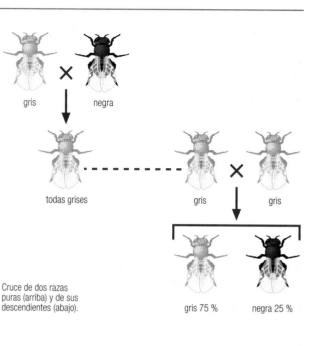

gris   negra

todas grises   gris   gris

Cruce de dos razas puras (arriba) y de sus descendientes (abajo).

gris 75 %   negra 25 %

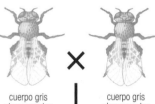

Cruce de dos individuos de la segunda generación que transmiten los caracteres independientemente.

cuerpo gris
alas normales   cuerpo gris
alas normales

cuerpo gris
alas normales   cuerpo gris
alas vestigiales   cuerpo negro
alas normales   cuerpo negro
alas vestigiales

TERCERA LEY DE MENDEL

Cada una de las dos alternativas de un carácter se transmite de manera independiente de las de otros caracteres de un híbrido. Es decir, que la herencia de un carácter no está en general afectada por el modo de heredarse otro distinto.

Una excepción puede ser la de un carácter perjudicial (por ejemplo, una enfermedad mortal), que hará que el resultado del cruce sea distinto al esperado. Un ejemplo de la tercera ley sería el cruce entre moscas híbridas de alas normales y cuerpo gris. La descendencia presentará cuatro fenotipos distintos en proporciones también distintas.

Muchas enfermedades inexplicables en el pasado han encontrado hoy una respuesta con los descubrimientos de la genética.

A través de la herencia, las sucesivas generaciones no sólo muestran algunos parecidos físicos sino también de carácter, hábitos y valores.

BIOTECNOLOGÍA E INGENIERÍA GENÉTICA

Una de las aplicaciones más espectaculares de la genética es la llamada ingeniería genética, que ofrece grandes posibilidades aunque también puede causar problemas desconocidos. Ha sido posible gracias a los grandes avances de la segunda mitad del siglo XX y junto con la biotecnología es hoy también una importante actividad económica.

BIOTECNOLOGÍA

Se trata de un concepto muy utilizado en nuestros días y del que a menudo se abusa. La biotecnología es el aprovechamiento de las capacidades metabólicas de los seres vivos para obtener productos útiles. Aunque hoy es una técnica a menudo muy sofisticada, en realidad es muy antigua pues muchos de los alimentos de uso corriente como el pan, el vino o la cerveza, el yogur o el queso no son más que el resultado de haber aprovechado la capacidad de ciertos organismos para dar un producto que nosotros aprovechamos.

Los quesos, que hoy se elaboran a escala industrial, son un producto biotecnológico.

INGENIERÍA GENÉTICA

Se trata de una técnica teóricamente muy simple aunque de gran dificultad práctica por trabajar con un material de muy reducidas dimensiones. Consiste en manipular el **material genético** de un organismo para modificar sus características. En unos casos se eliminan **genes** defectuosos y en otros se añaden unos genes nuevos para proporcionar a ese organismo una nueva característica. Para lograrlo hay que extraer sus **cromosomas** y mediante un micromanipulador cortar trozos del **ADN** que correspondan a un determinado gen. Esa porción se puede cambiar por otra si corresponde a un gen defectuoso.

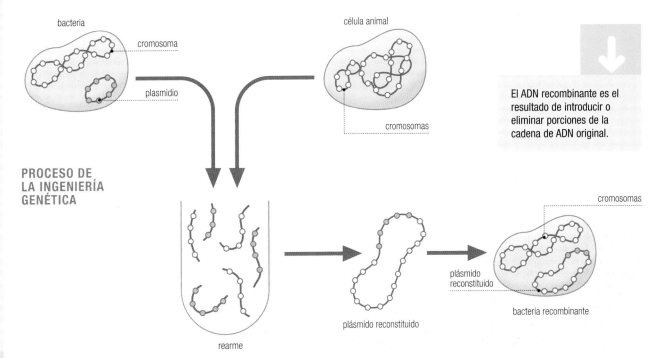

El ADN recombinante es el resultado de introducir o eliminar porciones de la cadena de ADN original.

bacteria
cromosoma
plasmidio

célula animal
cromosomas

PROCESO DE
LA INGENIERÍA
GENÉTICA

rearme

plásmido reconstituido

plásmido
reconstituido

cromosomas

bacteria recombinante

POSIBILIDADES DE LA INGENIERÍA GENÉTICA

Al poder manipular la información genética de las células de un individuo se le pueden eliminar aquellos genes que le causan enfermedades. Éste es un campo muy esperanzador para la **medicina** y posiblemente permitirá curar muchas de las enfermedades mortales que hoy afectan a la humanidad.

En **agricultura** y **ganadería** es posible introducir genes que potencien una característica especial de interés comercial. Esto ya se está realizando con muchas plantas, como el maíz. Se han creado razas de maíz genéticamente manipuladas (transgénicas) que son capaces de resistir el ataque de los parásitos. Hay variedades de tomate que son de mayor tamaño y mantienen más tiempo su aspecto, lo que tiene gran interés comercial.

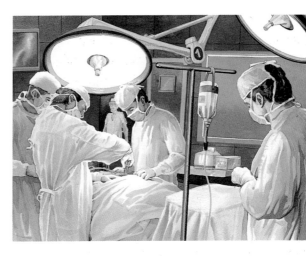

La ingeniería genética abre las posibilidades de obtener tejidos y órganos adecuados para los trasplantes y que no provoquen rechazo en el receptor, como sucede a menudo.

Los clones son individuos que llevan exactamente la misma información genética que sus progenitores, por lo que son idénticos a ellos. En la reproducción asexual, todos los descendientes son clones, no así en la sexual, donde se combinan distintos caracteres.

A finales de 2001, un laboratorio estadounidense consiguió la clonación de embriones humanos con el objetivo de conseguir tejidos para fines médicos.

Uno de los intentos más famosos de clonación en animales fue el de la oveja Dolly.

El maíz es uno de los cultivos sobre el que se ha obtenido un mayor número de variedades transgénicas.

¿SON SEGUROS LOS TRANSGÉNICOS?

La principal objeción que ponen muchas personas a los organismos manipulados genéticamente es su seguridad. En principio los alimentos transgénicos son seguros para nuestra salud en cuanto que poseen los nutrientes necesarios y presentan las mismas características. Sin embargo, al introducirse plantas o animales así manipulados en la naturaleza constituyen un riesgo al no saberse el modo de cómo intervendrán en los ecosistemas (como sucedió con el DDT antes de tener que prohibir su uso). Además, los transgénicos liberados accidentalmente (y la experiencia demuestra que no es imposible) podrían convertirse en portadores de nuevas enfermedades para las que no se está preparado.

LAS CÉLULAS

Hay plantas y animales de los más diversos tamaños pero todos ellos, desde una musaraña hasta una ballena o una secuoya centenaria, están formados por una cantidad variable de las mismas unidades, las células. Se define la célula como la unidad más pequeña de vida y de hecho hay organismos, como los protozoos, que constan de una única célula.

→ Las células con un núcleo verdadero se llaman eucarióticas, las que no lo tienen formado se denominan procarióticas.

LA CÉLULA, UNIDAD DE VIDA

Se considera la célula como la unidad estructural fundamental de todos los seres vivos. Es la mínima cantidad de materia viva organizada que es capaz de crecer y de multiplicarse. Básicamente consiste en un material denso, llamado **citoplasma**, rodeado de una **membrana** que le separa del exterior y con una serie de estructuras diversas en su interior, entre las que destaca el **núcleo**, que es el que contiene el material genético. No obstante, hay algunos organismos muy primitivos que tampoco disponen de un núcleo diferenciado, y su célula consta entonces de la membrana que engloba el citoplasma y todas sus inclusiones.

PARTES DE UNA CÉLULA

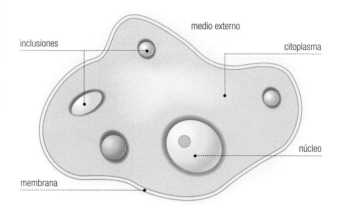

medio externo

inclusiones

citoplasma

núcleo

membrana

Los **ribosomas** son esferas muy pequeñas (visibles sólo al microscopio electrónico) que intervienen en la síntesis de las proteínas.

Las **mitocondrias** son esferas o bastoncillos que contienen los enzimas responsables de la oxidación de los alimentos.

LOS COMPONENTES DE LA CÉLULA

Uno de los elementos de la célula más importantes es la **membrana**, que a veces va revestida de una pared rígida. La función de la membrana es doble: debe aislar el interior del exterior, pero al mismo tiempo debe permitir el intercambio de materiales entre la célula y el medio en que se encuentra. Por lo tanto, es **semipermeable**, lo que significa que deja pasar determinadas sustancias o materiales e impide el paso de otras. Además del **núcleo**, en el **citoplasma** se encuentran: **mitocondrias, cloroplastos, ribosomas, retículo endoplasmático, aparato de Golgi, lisosomas** y **vacuolas**.

El **aparato de Golgi** es un apilamiento de sacos planos rodeados de membranas y participa en la síntesis de polisacáridos.

El **retículo endoplasmático** es un sistema de membranas que unas veces lleva adheridos ribosomas y otras no.

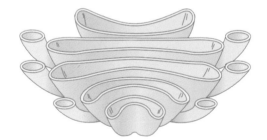

Corte a través del aparato de Golgi (arriba) y esquema de la estructura de la membrana celular (abajo).

Las **vacuolas** son burbujas llenas de diversos materiales, útiles o de desecho.

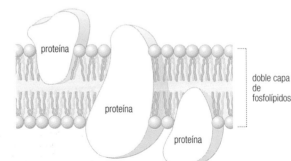

proteína

proteína

proteína

doble capa de fosfolípidos

Los **lisosomas** son estructuras esféricas rodeadas de una membrana y que están llenos de proteínas. Participan en la incorporación de los alimentos a la célula y a la desintegración de ésta cuando muere.

CILIOS Y FLAGELOS

Estas estructuras son prolongaciones de la membrana que contienen en su interior una serie de filamentos (llamados **microtúbulos**) dispuestos de manera concéntrica alrededor de uno central. Pueden ser cortos y se denominan **cilios** o largos y reciben entonces el nombre de **flagelos**. Varían también en número y mientras que los cilios son muy numerosos, los flagelos están presentes en escaso número, a veces sólo uno. La función de ambos es generar corrientes de agua o ayudar al desplazamiento de la célula.

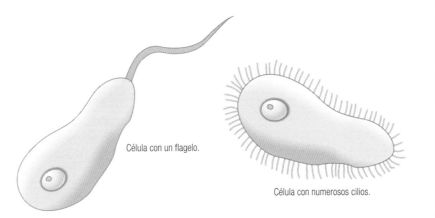

Célula con un flagelo.

Célula con numerosos cilios.

ESQUEMA GENERAL DE UNA CÉLULA ANIMAL

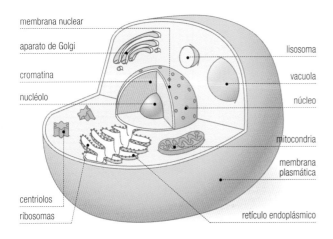

- membrana nuclear
- aparato de Golgi
- cromatina
- nucléolo
- centriolos
- ribosomas
- lisosoma
- vacuola
- núcleo
- mitocondria
- membrana plasmática
- retículo endoplásmico

ESQUEMA GENERAL DE UNA CÉLULA VEGETAL

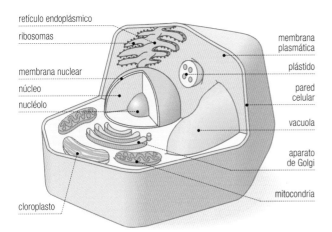

- retículo endoplásmico
- ribosomas
- membrana nuclear
- núcleo
- nucléolo
- cloroplasto
- membrana plasmática
- plástido
- pared celular
- vacuola
- aparato de Golgi
- mitocondria

Los **cloroplastos** contienen la clorofila que permite realizar la fotosíntesis.

TIPOS DE CÉLULAS

Aunque en principio todas las células presentan la misma estructura básica, hay algunos componentes que aparecen en unas y están ausentes en otras. Esto nos permite hacer una primera distinción entre la **célula vegetal** y la **célula animal**. La primera posee una **pared** más o menos rígida de celulosa que rodea la membrana, cloroplastos y otros plástidos y vacuolas grandes, mientras que la segunda carece de pared celular, de cloroplastos y de plástidos, pero tiene lisosomas y sus vacuolas son pequeñas. Además, las células se diferencian después en determinadas funciones cuando forman los tejidos, disponen o no de cilios y flagelos, etc.

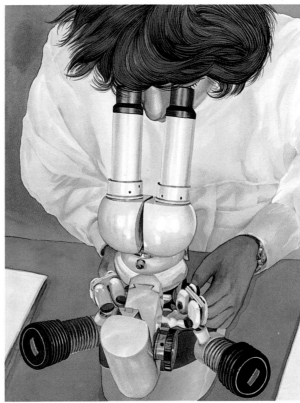

El microscopio ha resultado un instrumento de suma utilidad para estudiar elementos tan diminutos como las células o los microorganismos. Fue inventado por el holandés Z. Jansen a finales del siglo XVI, y hoy existen potentísimos microscopios electrónicos que ayudan a los científicos a conocer mejor los secretos de la vida.

LOS TEJIDOS

Los organismos más sencillos constan de una única célula que desempeña todas las funciones. Los restantes están formados por un número variable de células y en la mayoría de los casos, salvo en los grupos menos evolucionados, todas estas células se especializan en determinadas funciones dando así lugar a lo que llamamos tejidos.

ESPECIALIZACIÓN DE LAS CÉLULAS

Cuando una célula se especializa en realizar una determinada función, cambia de forma, pierde algunos de sus componentes y adquiere o refuerza otros para poder así realizar mejor su cometido. Se trata de una estrategia de los seres vivos para aumentar su eficacia, **la división del trabajo**. El resultado son grupos de células iguales especializadas en una actividad, que se conocen como **tejidos**. Cada organismo produce un tipo particular de tejido que resulta el más apropiado para su forma de vida. Así, muchos árboles producen tejidos protectores como el corcho, las plantas acuáticas producen tejidos que actúan como flotadores, los animales producen tejidos capaces de contraerse y de esta manera poder moverse, etc.

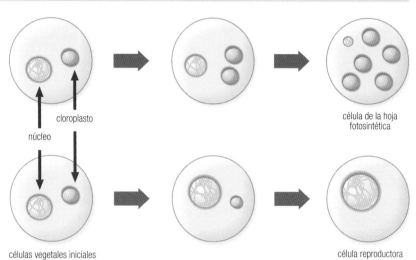

cloroplasto

núcleo

célula de la hoja fotosintética

células vegetales iniciales

célula reproductora

Las células de la hoja dedicadas a la fotosíntesis proceden del mismo tipo de células que las reproductoras.

El proceso de especializarse en una determinada función de las células se llama **diferenciación celular**.

LOS TEJIDOS VEGETALES

Las plantas y otros organismos vegetales producen varios tipos de tejidos, unas veces formados por una única clase de células y otras por varias. Los principales tipos son: tejidos **embrionarios**, tejidos **protectores**, tejidos de **sostén** y **nutricionales** y tejidos **conductores**.

DIFERENTES TIPOS DE TEJIDOS VEGETALES

meristemático

Los tejidos embrionarios, o **meristemáticos**, forman los meristemos y constan de células indiferenciadas que se encuentran en los lugares de crecimiento de la planta (ápices vegetativos).

Los tejidos de **sostén** y **nutricionales** constituyen una buena parte de la masa del vegetal y sirven para darle consistencia y almacenar sustancias de reserva. Los principales son el **parénquima**, el **colénquima** y el **esclerénquima**.

protector

parénquima

xilema

Los tejidos **protectores** sirven para evitar daños y están formados por células aplanadas, a menudo con su pared reforzada. Recubren las hojas, los tallos y las raíces.

Los tejidos **conductores** se dedican a transportar líquidos y materiales por toda la planta. Son los vasos que recorren la raíz, el tallo y las hojas transportando savia. Los principales son el **floema** y el **xilema**.

LOS TEJIDOS ANIMALES

Los animales poseen una mayor especialización que los vegetales y sus tejidos son también más diversos. Así, por ejemplo, en un vertebrado superior se pueden distinguir más de 100 tipos diferentes de células especializadas que forman tejidos. No obstante, todos ellos se puede reunir en cuatro grandes apartados: tejidos **epiteliales**, tejidos **conjuntivos**, tejidos **musculares** y tejidos **nerviosos**.

epitelial

escamoso   columnar   cuboidal

Los tejidos **epiteliales** constan de células aplanadas y densamente agrupadas formando una superficie compacta. Sus funciones son muy diversas: recubren el cuerpo para protegerlo de los agentes exteriores y recubren también las cavidades internas para realizar el intercambio de materiales (intestino) y gases (pulmones, branquias).

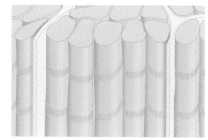

muscular

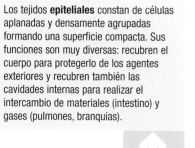

nervioso

Los tejidos **conjuntivos** están formados por células diferenciadas rodeadas de gran cantidad de material extracelular. Entre ellos están el tejido **cartilaginoso** y el **óseo**, los **tendones** y los **ligamentos**.

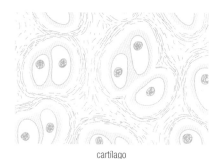

cartílago   ligamento

Las **células sexuales** se originan en un tejido epitelial especializado, el germinal.

Los tejidos **nerviosos** están formados por células especializadas en la transmisión de impulsos eléctricos, conocidas como **neuronas**, y provistas de numerosas prolongaciones con las que se conectan entre sí. La médula espinal y el cerebro de los vertebrados están formados por numerosas neuronas.

óseo

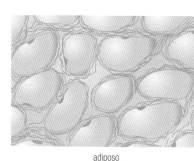

adiposo

conjuntivo

Los **nervios** son las prolongaciones de las neuronas.

Los tejidos musculares están formados por células alargadas y con capacidad de contraerse. Hay dos tipos principales: el **tejido muscular liso** (de contracción involuntaria) y el **tejido muscular estriado** (de contracción voluntaria).

El tejido **cardíaco** es un tejido muscular especializado.

El tejido **adiposo** es un tejido conjuntivo especializado, cuyas células están llenas de grasa.

LOS ÓRGANOS

La gran mayoría de los seres pluricelulares tienen tejidos más o menos especializados. Además, a medida que evolucionan y su cuerpo se vuelve más complejo, esos tejidos se agrupan en unidades mayores, llamadas órganos, que llevan a cabo tareas más complejas que las realizadas por un único tejido. En los organismos más evolucionados los órganos, a su vez, se reúnen en unidades llamadas sistemas.

LOS ÓRGANOS VEGETALES

En los vegetales inferiores el cuerpo se denomina **talo** y no llega a formar órganos, aunque en algunos, como los musgos, adopta una forma similar a la de los vegetales superiores. En estos últimos, el cuerpo se divide en tres grandes órganos principales: la **raíz**, el **tallo** y las **hojas**. La raíz se encarga fundamentalmente de absorber agua y nutrientes, aunque también sujeta la planta al substrato. El tallo contiene los elementos conductores de la savia y sujeta y da forma al vegetal. Las hojas, por último, son en general las encargadas de realizar la **fotosíntesis**.

La raíz es un órgano de absorción formado por diferentes tejidos: una **epidermis** protectora en el exterior, seguida de la **corteza**, que sirve de reserva del alimento, y en el interior los tejidos germinales del **meristemo** y los **tejidos conductores** formados por los vasos (floema y xilema) que conducen la savia bruta.

A veces, las raíces pueden aparecer al exterior, como si formaran parte del tronco.

Las raíces pueden adoptar muchas formas: ramificada en raíces secundarias, en cabellera, con una raíz gruesa central, etc.

PARTES DE UN VEGETAL SUPERIOR

hojas

rama

tallo

raíz primaria

raíz secundaria

pelos

LA FLOR

Es el órgano reproductor de las plantas superiores. Puede ser unisexual, con elementos masculinos o femeninos, o bien hermafrodita, con los dos tipos al mismo tiempo. Las estructuras reproductoras masculinas son los **estambres**, formados por un filamento que sujeta una especie de caja, llamada **antera**, que contiene el **polen**. Las estructuras reproductoras femeninas son los **pistilos**, constituidos por uno o más ovarios que forman una cámara prolongada en un tubo, llamado **estilo**, y que finaliza en una estructura aplanada, el **estigma**, destinada a recoger los granos de polen.

Los sépalos son hojas transformadas de función protectora y generalmente poco vistosos. El conjunto de todos ellos es el **cáliz**.

Los pétalos son hojas transformadas de función protectora y generalmente vistosos. El conjunto de todos ellos es la **corola**.

En este hibiscus pueden verse claramente los estambres y las anteras.

LOS ÓRGANOS ANIMALES

Lo mismo que sucede con los tejidos, también los órganos de los animales son más variados y complejos que los de las plantas. Todos ellos se pueden agrupar en siete grandes apartados: órganos digestivos, respiratorios, circulatorios, excretores, efectores y controladores, reproductores y sensoriales.

Los órganos **digestivos** tienen como misión introducir el alimento en el cuerpo del animal (**boca**), reducirlo a un tamaño pequeño (boca, buche, **estómago**) y transformarlo en sustancias más simples que se absorban y sirvan de alimento a las células (**intestino**, glándulas anexas).

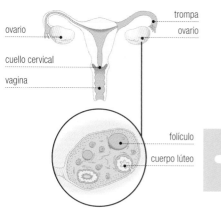

Los órganos sensoriales de los animales les permiten desarrollar los sentidos. En muchos animales, el olfato, por ejemplo, resulta esencial para la búsqueda de comida.

Los órganos **circulatorios** son fundamentalmente un **corazón** y un conjunto de **vasos**. El corazón es un órgano contráctil que bombea el líquido circulatorio (**sangre**, **linfa**) a través de la red de vasos (**venas**, **arterias**, **capilares**) para llevarlo hasta las células y suministrarles oxígeno y nutrientes y retirar los productos de desecho.

ÓRGANOS DIGESTIVOS DE UN SALTAMONTES

buche · molleja · estómago · intestino delgado · esófago · ano · boca · recto · glándulas salivares · ciegos gástricos · intestino grueso

Los órganos de la **respiración** realizan el intercambio gaseoso entre el interior del animal y el medio exterior. En el agua los animales respiran mediante las **branquias** o a través de la piel, mientras que en el aire lo hacen mediante tubos llamados **tráqueas** (en los insectos) o **pulmones** (en los vertebrados).

CORAZÓN DE UNA RANA

al resto del cuerpo · a la cabeza · arteria carótida izquierda · arco aórtico · a los pulmones y a la piel · arteria pulmocutánea · aurícula derecha · aurícula izquierda · seno venoso · ventrículo

Para el movimiento del cuerpo y para el control químico del interior del organismo existen varios órganos especializados, tales como los **músculos** para que el animal se mueva y las **glándulas** para regular las condiciones internas.

ÓRGANOS REPRODUCTORES DE LA MUJER

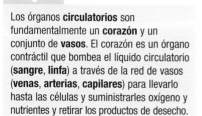

trompa · ovario · ovario · cuello cervical · vagina

folículo · cuerpo lúteo

El fin de los órganos reproductores es doble: producir células sexuales (**gametos**) masculinas y femeninas y conseguir después que se fusionen (**fertilización**) para dar un **cigoto** del que saldrá un nuevo individuo. Los órganos productores de gametos masculinos (**espermatozoides**) son los **testículos** y de los femeninos (**óvulos**) los **ovarios**. Algunos animales, como los mamíferos, tienen fecundación interna y para ello los machos disponen de un órgano (**pene**) que introduce los espermatozoides dentro del cuerpo de la hembra.

Los órganos excretores sirven para eliminar del cuerpo las sustancias perjudiciales y de desecho. En los invertebrados se realiza mediante tubos (**nefridios**) que comunican el interior del cuerpo con el exterior. En los vertebrados, el órgano responsable es el **riñón**.

Los órganos **sensoriales** son esenciales para la vida del animal, pues le informan de las condiciones del exterior o del interior para que reaccione de la manera más favorable. Un **receptor interno** es el que controla la temperatura corporal en los mamíferos. Receptores externos son el **ojo** (para estímulos luminosos), el **oído** (para estímulos sonoros) o el **olfato** (estímulos químicos), entre otros.

PARTES DEL OJO DEL CALAMAR

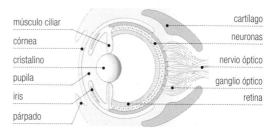

músculo ciliar · cartílago · córnea · neuronas · cristalino · nervio óptico · pupila · ganglio óptico · iris · retina · párpado

METABOLISMO DE LAS CÉLULAS

Los seres vivos se diferencian de las sustancias inertes (sin vida) por el hecho de que son capaces de mantener su propio nivel estructural, es decir, se mantienen tal y como son durante toda su vida con independencia de las condiciones externas.

El conjunto de procesos físicos y químicos (intercambios de materia y energía) que realiza un ser vivo para mantener su estructura y reproducirse es lo que denominamos metabolismo.

ANABOLISMO Y CATABOLISMO

En el **metabolismo** pueden diferenciarse dos tipos de reacciones o procesos básicos. En primer lugar están aquellos en que se fabrican, o sintetizan, moléculas más grandes (complejas) a partir de otras más simples. Este paso, denominado **anabolismo**, necesita energía. Por otro lado, las células también desmenuzan (degradan) las moléculas complejas para obtener otras más pequeñas y, además, una cierta cantidad de energía. El conjunto de procesos en que se degrada la materia y se obtiene energía se denomina **catabolismo**.

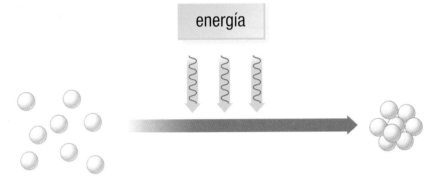

Anabolismo: construcción de la materia orgánica. Por ejemplo: varias glucosas forman una molécula de almidón o de celulosa.

Generalmente, la vía anabólica de una sustancia tiene una vía catabólica equiparable; sin embargo, estas vías suelen tener pasos diferentes y suelen darse en lugares separados de la célula.

Catabolismo: destrucción de la materia orgánica. Por ejemplo: se desintegra una molécula de almidón en varias de glucosa.

VÍAS METABÓLICAS

Para que una sustancia se convierta en otra, generalmente sigue una serie de transformaciones desde el producto inicial hasta el resultado final. Cada una de estas transformaciones depende de un **enzima** específico, es decir, de un catalizador que hace que la reacción sea más rápida o más lenta. La cadena de secuencias de reacciones se denomina **vía metabólica**. Existe un gran número de ellas que tienen lugar dentro de los seres vivos y, además, es frecuente que unas estén relacionadas con otras.

Todos los seres vivos tienen unas moléculas que ayudan a que se produzcan ciertas reacciones químicas. Son los **biocatalizadores** o **enzimas**, y sin ellos muchas reacciones serían mucho más lentas y el cuerpo perdería eficiencia.

DESTRUCCIÓN DE LA MATERIA ORGÁNICA EN LA RESPIRACIÓN CELULAR

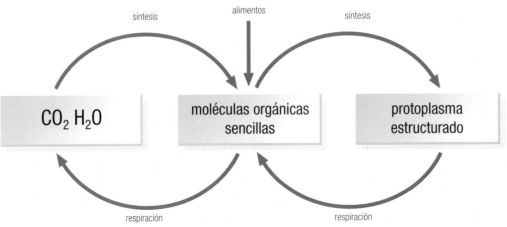

LOS ENLACES QUÍMICOS COMO FUENTE DE ENERGÍA DE LAS CÉLULAS

Existen varias fuentes de **energía** que son muy conocidas, como la energía eléctrica, gracias a la cual podemos iluminar las casas, la de los combustibles fósiles (gasolinas, petróleos, etc.), por la cual se pueden hacer funcionar los motores, etc. Como hemos explicado anteriormente, el **cuerpo humano** y el resto de los **seres vivos** también requieren energía para poder funcionar. En este caso, las células obtienen la energía rompiendo ciertos **enlaces químicos**. Los animales y los hongos extraen la energía que está almacenada en los enlaces químicos de la materia de la que se alimentan. En cambio, las plantas utilizan la energía de la luz solar.

Existe una molécula, el **ATP** (adenosín trifosfato), que es donde se almacena la energía de los seres vivos. Cuando la célula tiene necesidades energéticas rompe uno de los enlaces fosfato de esta molécula y obtiene energía (7,3 kcal/mol), quedando como residuo una molécula de ADP (adenosín difosfato) + P (fosfato).

Para que el ATP no se agote, existe también una reacción química en que se forma ATP a partir de ADP + P + energía. Esta última reacción sólo se realiza en las mitocondrias.

LA FOTOSÍNTESIS

Es una de las vías metabólicas más importantes de todas las que existen, ya que gracias a ella la **materia inorgánica** se transforma en **materia orgánica**. Tiene varios pasos, el primero de los cuales es uno de los más importantes, ya que capta la energía de la luz solar para fabricar **ATP**. En el segundo paso, utiliza la energía del ATP obtenido para construir azúcares a partir del CO_2 del aire (materia inorgánica). Éstos ya son materia orgánica y son las piezas principales del cuerpo de los organismos fotosintéticos, que son las **plantas** y las bacterias **cianofíceas**.

Las plantas utilizan la energía desprendida de los rayos solares, mientras que los animales la deben metabolizar del alimento (plantas u otros animales).

La fotosíntesis se realiza principalmente en las hojas, aunque en algunas plantas también se da en los tallos verdes. El proceso tiene lugar dentro de los cloroplastos de las células.

CRECIMIENTO Y DESARROLLO

Desde que nace hasta que alcanza la edad adulta, el ser vivo pasa por un período de crecimiento en el que experimenta un gran número de cambios. En algunos, como en los organismos unicelulares, este paso es muy corto, pero en otros, como sucede con un árbol o un mamífero, este período es relativamente largo. Cuanto más evolucionado esté la planta o el animal, más largo es su período de crecimiento.

EL DESARROLLO

Se conoce como **desarrollo** la forma en que un ser vivo alcanza la madurez, existiendo dos tipos fundamentales: el **directo** y el **indirecto**. En el primer caso nace con un aspecto y una estructura del cuerpo similar al del organismo adulto, por lo cual sólo va aumentando su tamaño y modificando ligeramente la función de algunos de sus órganos. En el caso del desarrollo indirecto, nace muy diferente de cómo será en la edad adulta. Para alcanzarla ha de pasar por un período de profundas transformaciones, conocido como **metamorfosis**.

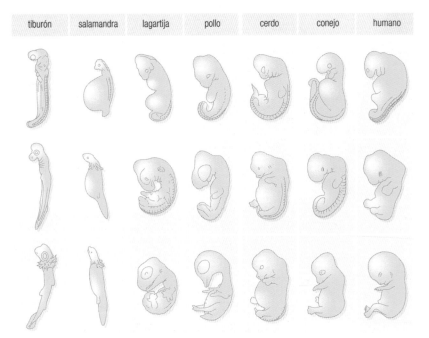

Los mamíferos tienen un desarrollo directo, ya que al nacer las crías tienen una forma parecida al adulto, y se diferencian básicamente por el tamaño, como esta vaca y el ternero que está alimentando.

TRES FASES EN EL DESARROLLO DE UN INSECTO

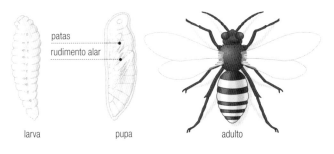

patas
rudimento alar

larva   pupa   adulto

El desarrollo indirecto se da en muchos insectos y en algunos anfibios, como las ranas.

En la naturaleza existen pocos animales que sobrepasan la edad reproductiva y alcanzan la vejez. Sólo ocurre en el caso de los humanos, algunos primates y otros animales de gran tamaño como los elefantes.

COMPARACIÓN DEL DESARROLLO DEL EMBRIÓN DE DISTINTOS ANIMALES

tiburón	salamandra	lagartija	pollo	cerdo	conejo	humano

DEL CIGOTO AL ADULTO

En el caso de los organismos **pluricelulares** que se reproducen de forma sexual, el principio es el **cigoto** que resulta de la unión de un **espermatozoide** y un **óvulo**. A partir de este momento el organismo empieza a desarrollarse, duplicando primero esta célula inicial y dividiendo después de manera sucesiva las células resultantes hasta formar una masa pluricelular sin forma definida. A medida que va creciendo va pareciéndose cada vez más a la forma definitiva del adulto.

Cuando un animal envejece es más vulnerable al ataque de depredadores, a las enfermedades o a las inclemencias del tiempo.

INFLUENCIA DE LOS GENES

Todos los animales tienen una forma definida (todos los loros tienen el pico situado en el mismo sitio, de la misma dureza y de tamaño muy similar) que no cambia entre los individuos de la misma **especie**. Sin embargo, las plantas, aun perteneciendo a la misma especie y teniendo los **genes** iguales, tienen una forma final particular en cada caso. Ello es debido a que su crecimiento depende mucho de las condiciones del **medio**, es decir, que un año en que apenas llueve, o que la temperatura es muy baja, pueden crecer muy poco, mientras que en épocas buenas crecen más y desarrollan yemas que en el caso de condiciones desfavorables permanecerían dormidas.

A diferencia de las especies animales, las especies vegetales crecen y se desarrollan de muy distinta forma.

Anillos de crecimiento de un árbol: cada año aparece uno nuevo en el tronco.

Si los genes se alteran o dañan puede darse un crecimiento anómalo. En la naturaleza existen casos de animales que crecen con una extremidad corta, con seis dedos, etc.

La vida

Vida en
la Tierra

La base
de la vida

Bioquímica

Evolución
y genética

Herencia
y genética

Funciones de
los seres vivos

**Cómo
funcionan los
seres vivos**

Relaciones
con el exterior

Reproducción
y desarrollo

Clasificación
de los seres
vivos

El mundo
vegetal

El mundo
animal

El mundo
viviente

Índice
alfabético
de materias

LA HORMONA DE CRECIMIENTO

Es una molécula indispensable para el correcto desarrollo de un ser humano, completando todas sus fases y produciendo tejidos y órganos sanos. Una deficiencia de la misma se traduce en un crecimiento incompleto, como puede ser el **enanismo**. Un exceso, por el contrario, provoca **gigantismo**. Muchos otros animales también tienen su correspondiente hormona del crecimiento.

ENFERMEDADES DEBIDAS A UN EXCESO O UNA DEFICIENCIA DE HORMONA DE CRECIMIENTO

Causa	Enfermedad	Aspecto
Deficiencia durante el desarrollo	Enanismo	Bien proporcionado pero de pequeño tamaño
Exceso durante el desarrollo	Gigantismo	Bien proporcionado pero de tamaño muy grande
Exceso pasado el período de desarrollo	Acromegalia	Crecen de forma desproporcionada los pies, las manos, la mandíbula y otras partes distales del cuerpo

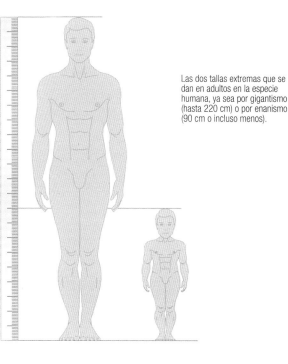

Las dos tallas extremas que se dan en adultos en la especie humana, ya sea por gigantismo (hasta 220 cm) o por enanismo (90 cm o incluso menos).

Las plantas también tienen una hormona de crecimiento que se llama **auxina**.

NUTRICIÓN Y ENERGÍA

Los seres vivos captan materia del medio externo y la utilizan para formar sus cuerpos y para realizar las funciones vitales. Así, en la nutrición se dan varios pasos: captura e ingestión del alimento, digestión y excreción de las sustancias no utilizadas o sobrantes. Además, mediante la nutrición los organismos también consiguen la materia necesaria para producir la energía que requieren para mantener su estructura.

INGESTIÓN Y DIGESTIÓN DEL ALIMENTO

En la naturaleza existen muchas maneras de conseguir el **alimento**, desde las **raíces** de las plantas, hasta la boca de los animales, pasando por la obtención de partículas a través de la membrana celular en los organismos unicelulares. En cualquier caso, una vez se ha introducido debe ser digerido, es decir, descompuesto en partículas menores, que finalmente serán las piezas que las células utilizarán para fabricar las propias moléculas y estructuras.

Cuando las partículas que hay que ingerir son relativamente grandes se produce la endocitosis, que consiste en que la membrana rodea la partícula y se invagina hacia el interior, conduciéndola hacia los lisosomas donde se digieren.

Los organismos unicelulares han de introducir el alimento a través de su membrana celular. Existen varias formas en función del tipo de alimento.

ORGANISMO UNICELULAR FAGOCITANDO ALIMENTO

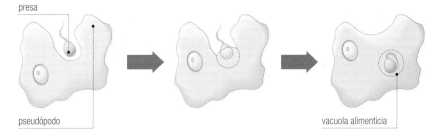

presa

pseudópodo

vacuola alimenticia

CLASIFICACIÓN DE LOS SERES VIVOS EN FUNCIÓN DE LA ALIMENTACIÓN

• Los organismos **autótrofos** se alimentan de materia inorgánica. Los **fotoautótrofos** utilizan la energía de la luz solar (realizan la fotosíntesis) para transformarla en orgánica, mientras que los **quimioautótrofos** recurren a la energía de los enlaces químicos de ciertos compuestos inorgánicos.

• Los organismos **heterótrofos** se alimentan de materia orgánica. Los heterótrofos pueden tener varios tipos de comportamientos alimentarios.

• Cuando la base de la dieta son restos orgánicos inertes (cadáveres) se dice que el organismo es **saprófito**.

• Cuando se alimentan de seres vivos que capturan se dice que son **biófagos**.

• Si se alimentan de los fluidos corporales de un ser vivo causándole daños, entonces se trata de un **parásito**.

• Por último se encuentran aquellos seres que se aprovechan de otro ser vivo pero en una relación beneficiosa para ambos, son los organismos **simbiontes**.

1. fotoautótrofo (árbol)
2. quimioautótrofo (bacterias)
3. heterótrofo saprófito (hongos)
4. heterótrofo biófago (perro)
5. heterótrofo parásito (garrapata)
6. heterótrofo simbionte (liquen)

La alimentación de los seres vivos.

LOS ALIMENTOS

Son las sustancias que el cuerpo utiliza para realizar sus funciones vitales. Existen tres tipos principales que deben tomarse en una proporción adecuada. En primer lugar, se hallan los **hidratos de carbono** (azúcares y almidón), que se encuentran principalmente en los vegetales (legumbres, cereales y frutas). En segundo lugar, están las **grasas**, disponibles en los alimentos de origen animal (leche, carne y pescado). Por último, las **proteínas**, que aparecen principalmente en los alimentos de origen animal (huevos, leche, carne y pescado), aunque los frutos secos y las legumbres también son ricos en proteínas.

Las vitaminas esenciales son imprescindibles para poder vivir. Como nuestro cuerpo es incapaz de fabricarlas, sólo las podemos obtener con los alimentos que ingerimos.

Variedad de alimentos que consume el ser humano, y que contienen hidratos de carbono, grasas y proteínas.

LAS SUSTANCIAS DE RESERVA DE LOS ANIMALES

En los animales el principal **tejido de reserva** de energía es la **grasa**. Cuando el cuerpo necesita energía se produce una serie de reacciones químicas que oxidan la grasa y la convierten en **energía**. De 1 gramo de grasa se consiguen 9,4 kcal. También se puede conseguir energía de la descomposición de los glúcidos y de las proteínas, pero en este caso sólo se consiguen 4,1 kcal por gramo.

Muchos animales pasan gran parte de la primavera y verano alimentándose en exceso y acumulando una gran capa de grasa en sus cuerpos para poder sobrevivir al duro invierno, etapa en la que es difícil obtener alimento.

Para afrontar el período invernal, durante el que permanece inmóvil en su cubil, el oso debe acumular reservas de grasa.

EL INTERCAMBIO DE GASES

Todos los organismos vivientes realizan intercambios de gases con el medio que los rodea en un proceso denominado **respiración**. El fin último de la respiración es introducir moléculas que ayuden a descomponer la materia orgánica y obtener así la energía de los enlaces moleculares que se rompen. Existen dos tipos básicos de respiración: la aeróbica, en la que los organismos consumen oxígeno, y la anaeróbica, que se realiza en ausencia de oxígeno.

RESPIRACIÓN AEROBIA

En este proceso, el organismo capta el **oxígeno** necesario para la vida y se libera del **dióxido de carbono** fabricado en las células y que en exceso resultaría tóxico. Los animales terrestres superiores respiran mediante **pulmones** y los insectos, mediante **tráqueas**, mientras que la mayoría de los organismos acuáticos obtienen el oxígeno del agua, generalmente a través de las **branquias**. Algunos animales que viven en lugares muy húmedos (gusanos, anfibios, anguilas, etc.) pueden respirar a través de la piel, y los organismos unicelulares lo hacen a través de su membrana celular.

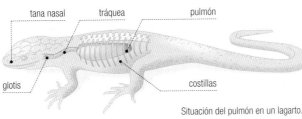

Situación del pulmón en un lagarto.

Las plantas también respiran, captando O_2 y expulsando CO_2. Sin embargo, durante el día o en presencia de luz, también realizan la fotosíntesis en la que captan CO_2 y expulsan O_2.

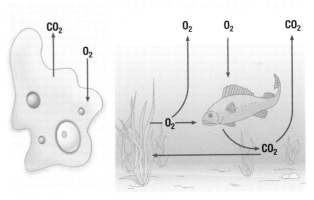

En todos los animales el oxígeno pasa al torrente circulatorio donde la hemoglobina lo transporta hasta las células.

Dos formas distintas de respiración. A la izquierda, una ameba; a la derecha, un pez.

RESPIRACIÓN ANAEROBIA

En los medios en los que no hay oxígeno viven unos pocos organismos (principalmente **bacterias**) que obtienen la energía mediante un procedimiento en que no interviene para nada el oxígeno.

Algunos de estos organismos son **anaerobios** estrictos, lo cual significa que sólo pueden vivir en lugares en los que no hay oxígeno (ya que este elemento es tóxico para ellos). Sin embargo, existen otros organismos (algunas bacterias y algunos hongos) que son **anaerobios facultativos**, lo que quiere decir que pueden vivir tanto en medios con oxígeno como en medios **anóxicos** (sin oxígeno).

En el fondo de los lagos o pantanos en los que el agua entra muy contaminada, el oxigeno disuelto se gasta muy rápidamente y acaba agotándose.

Cuando las aguas del mar, de un río o de un lago están contaminadas, los peces no pueden respirar ni alimentarse y mueren.

LA FERMENTACIÓN

Se trata en realidad del mismo proceso que la respiración anaerobia, aunque en general se habla de fermentación cuando no se llega a descomponer del todo la materia orgánica, quedando como residuos diversos compuestos orgánicos (generalmente ácidos). Esta modalidad, realizada también por microorganismos, resulta muy útil para el hombre puesto que con ella es posible transformar muchas materias orgánicas en otras de gran interés como son el yogur, los quesos, la cerveza o el vino.

Existen varios tipos de fermentación y cada uno da productos diferentes: láctica (queso, yogur), alcohólica (vino, cerveza), acética (vinagre).

Todos hemos notado alguna vez lo mal que huele la carne al descomponerse o un huevo podrido. Este olor se debe a los compuestos que resultan de la fermentación de las proteínas que realizan algunas bacterias.

Muchos productos que forman parte de nuestra alimentación como el yogur, el queso o las bebidas alcohólicas, son resultado de una fermentación.

EL AIRE QUE RESPIRAMOS

La atmósfera terrestre tiene un porcentaje de oxígeno de aproximadamente 21 % al nivel del mar. Al ir aumentando la altitud va bajando la presión ambiental y, por consiguiente, también baja la concentración de oxígeno. Ello hace que a mayor altitud, mayor dificultad para respirar. A partir de los 3.000 m de altitud ya se empieza a notar la falta de oxígeno y por ello se ha de realizar un mayor esfuerzo para hacer cualquier movimiento.

La combustión de cualquier sustancia gasta el oxígeno del aire. En el caso de la combustión de gasolina o gasoil, además se genera monóxido de carbono (CO). Este gas es muy tóxico, ya que la hemoglobina de la sangre lo absorbe más fácilmente que el oxígeno, provocando la muerte.

Uno de los problemas que se encuentran los alpinistas en la alta montaña es el enrarecimiento del aire, o disminución del oxígeno cuanto más alto se encuentran; es por ello que a partir de los 5.000 metros deban utilizar máscaras de oxígeno.

TRANSPORTE DE MATERIALES EN LOS SERES VIVOS

En el interior del cuerpo de los seres vivos existe un gran bullicio. Los elementos nutritivos, las células, las hormonas, los gases, etc., viajan continuamente de un lugar a otro para acabar en el lugar donde son más necesarios y siempre lo hacen por aquellos caminos que han sido especialmente construidos para ello. Además, por lo común nunca viajan solos, sino que han de unirse a moléculas transportadoras que los conducen hasta su destino final.

LA SAVIA

Las plantas tienen una especie de sistema circulatorio formado por una serie de tuberías que transcurren por el interior de los tallos y las hojas y por las que circula un líquido denominado **savia**. El agua y las sales minerales captados por las raíces viajan hacia las hojas por tubos especiales (**xilema**) formando un líquido que se denomina **savia bruta**. En las hojas, la **fotosíntesis** produce glucosa y otras moléculas necesarias para la formación de los tejidos. Estas moléculas viajan por otros conductos (**floema**) hasta el resto de la planta y, en este caso, el líquido recibe el nombre de **savia elaborada**.

Las plantas absorben la energía del Sol para transformar la savia bruta (mezcla de agua y minerales) en savia elaborada (mezcla de agua, glucosa y otras sustancias orgánicas).

EL SISTEMA CIRCULATORIO

Los animales transportan las sustancias nutritivas, los gases y las sustancias de excreción a través de la **sangre**. Del intestino, los alimentos digeridos y convertidos en moléculas pequeñas pasan al torrente sanguíneo que los transporta hacia los tejidos donde son necesarios. Los gases de la respiración (**oxígeno** y **dióxido de carbono**) se unen a la **hemoglobina**, que transporta el oxígeno desde los pulmones a los tejidos y el dióxido de carbono de éstos de nuevo a los pulmones. Los productos de excreción van desde los tejidos donde se producen hasta los riñones donde son eliminados.

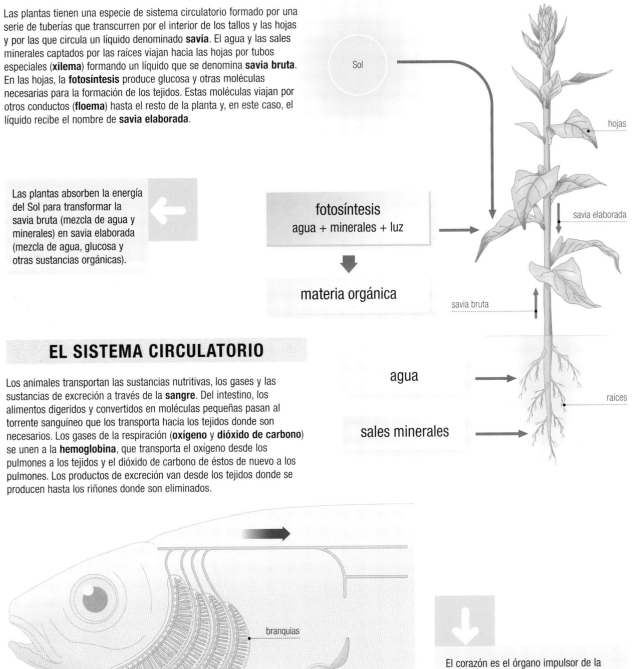

CÓMO SE ALIMENTA UNA PLANTA

Sol

hojas

savia elaborada

fotosíntesis
agua + minerales + luz

materia orgánica

savia bruta

agua

raíces

sales minerales

El sistema circulatorio de un pez.

branquias

aurícula

ventrículo

El corazón es el órgano impulsor de la sangre, haciendo que continuamente esté circulando. Los animales invertebrados pueden tener varios corazones mientras que los vertebrados sólo tienen uno, pero mucho más perfeccionado.

EL PASO DE SUSTANCIAS A TRAVÉS DE LAS MEMBRANAS CELULARES

La membrana que rodea las células es **semipermeable**, es decir, que sólo deja pasar a algunas sustancias, mientras que es imposible el paso de otras. Las moléculas pequeñas, como el oxígeno, el dióxido de carbono, las sales, etc., pasan de un lado a otro a través de unos canales (formados por unas proteínas llamadas **permeasas**) que les permiten el paso. Este transporte es **pasivo**, es decir, no requiere el consumo de energía y se realiza por **difusión** a favor del gradiente de concentraciones. Cuando una célula quiere expulsar un elemento hacia el exterior aunque la concentración del medio sea más alta que la del interior, entonces recurre a otro tipo de proteínas que utilizando energía bombean el elemento hacia fuera; éste es el **transporte activo**.

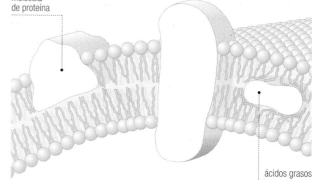

molécula de proteína

ácidos grasos

Las grasas pasan más fácilmente a través de las membranas porque éstas poseen ácidos grasos.

TRANSPORTE DE SANGRE

(en ml/min) en distintos órganos del ser humano en reposo y durante un ejercicio vigoroso

Órgano	Reposo	Ejercicio
corazón	250	750
músculos	1.000	12.500
cerebro	750	750
riñones	1.200	600
piel	400	1.900
vísceras	1.400	600

Cuando la célula debe introducir partículas de gran tamaño recurre a la **pinocitosis** o a la **fagocitosis**, que consisten en invaginar la membrana y envolver la partícula o el líquido correspondiente.

LA EXCRECIÓN

En todas las reacciones químicas que tienen lugar en el interior de los seres vivos se producen sustancias de desecho. Muchas de ellas son tóxicas o, simplemente, no caben dentro de las células, por lo que deben expulsarse al exterior. Los organismos **unicelulares** eliminan los residuos mediante **vacuolas**. Los organismos **pluricelulares** lo realizan a través de los sistemas **circulatorios** y **excretores**. Las plantas acumulan esas sustancias en sus tejidos, pero los animales las expulsan al exterior y es lo que se denomina **excreción**. Los gases perjudiciales, como el dióxido de carbono, se eliminan a través de la respiración y las sustancias perjudiciales, con ayuda de la circulación sanguínea y de órganos especiales, como los **riñones**.

Los alimentos ingeridos se transforman y se absorben en el intestino. La sangre lleva todas estas sustancias por el cuerpo hasta los órganos que las necesitan.

Los desechos sólidos de la digestión se expulsan en forma de heces. Las sustancias tóxicas que circulan por la sangre pasan a los riñones, donde se convierten en orina que se expulsa al exterior.

ESQUEMA GENERAL DE LA EXCRECIÓN EN LOS SERES VIVOS

alimentos — agua — sales — digestión — respiración — amoníaco NH_3 — agua H_2O — dióxido de carbono CO_2 — excreción — respiración

EL EQUILIBRIO DE LA VIDA, LA HOMEOSTASIS

Las condiciones del medio ambiente pueden limitar la vida de los seres vivos. Sin embargo, en el interior del cuerpo de todos ellos se producen una serie de procesos físicos y químicos que ayudan a mantener un ambiente interno más o menos constante e independiente del exterior. Este conjunto de reacciones que permiten alcanzar el equilibrio interno, denominado homeostasis en biología, es indispensable para el mantenimiento de la vida.

EL MEDIO INTERNO

Los seres vivos necesitan unas condiciones muy concretas para que sus órganos y células puedan funcionar correctamente. Este conjunto de condiciones es lo que se denomina **medio interno**, y suele estar formado por un líquido con **sales minerales** y **proteínas** en concentraciones adecuadas. Un ejemplo que ayuda a entender el significado de **homeostasis** es la sudoración frente al aumento excesivo de temperatura en el interior del cuerpo. Cuando por ejercicio o calor externo se sobrepasan los valores adecuados de temperatura en el interior del cuerpo, éste reacciona sudando. Con ello se consigue sacar al exterior el exceso de calor y mantener la temperatura interna dentro de los límites adecuados para el buen funcionamiento del cuerpo.

Los **tejidos** necesitan un grado constante de **humedad**, **pH**, **temperatura**, etc., es decir, un medio que los rodea que les proporcione las condiciones adecuadas para su funcionamiento.

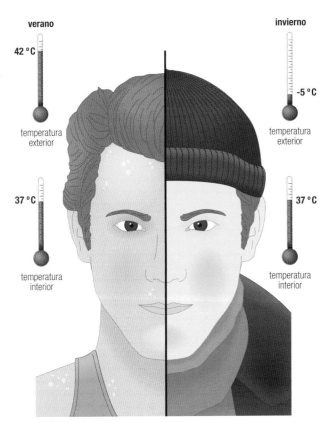

verano
42 °C
temperatura exterior

37 °C
temperatura interior

invierno
-5 °C
temperatura exterior

37 °C
temperatura interior

Gracias a la homeostasis, la temperatura corporal se mantiene constante haga frío o calor en el exterior.

TODOS LOS SERES VIVOS TIENEN MEDIO INTERNO

Efectivamente, todos requieren de un medio interno que les proporcione el equilibrio necesario para poder realizar todas las funciones necesarias en la vida: respirar, alimentarse, crecer, reproducirse, etc. Sin embargo, no todos los seres vivos tienen el mismo grado de complejidad y, por tanto necesitan de un equilibrio más o menos preciso.

Las **plantas** son seres vivos que en general pueden soportar grandes variaciones de temperatura; su medio interno no se altera y únicamente retardan o aceleran su actividad en función de la temperatura. Lo mismo ocurre con los animales de **sangre fría**, es decir, los invertebrados, los peces, los anfibios y los reptiles. Las aves y los mamíferos, que son de **sangre caliente**, tienen un medio interno muy complejo y lo mantienen estable dentro de unos límites muy estrechos, esto es, que el proceso de homeostasis es muy preciso.

El metabolismo de un invertebrado tiene más procesos de regulación que el de un vegetal y menos que el de un vertebrado, por lo cual tiene un grado de homeostasis intermedio entre ambos.

activo en verano, inactivo en invierno

vive en verano, muere en invierno

activo todo el año

Cómo viven los seres las distintas estaciones.

LA SALINIDAD

Los organismos acuáticos suelen depender mucho de la **salinidad** del agua en la que viven. La mayoría de peces de agua dulce mueren cuando se les pone en agua de mar. Esto ocurre porque su cuerpo no está dotado de los mecanismos suficientes para expulsar el exceso de sal que se introduce por la boca y las branquias, salinizando el medio interno y rompiendo su equilibrio. Lo mismo ocurre, pero al contrario en los peces de agua salada, que cuando se ponen en agua dulce mueren, debido a que entonces las células de sus tejidos se rompen por la entrada excesiva de agua para compensar el exceso de sal respecto al medio.

Algunos peces pueden vivir tanto en aguas dulces como saladas. Se les denomina eurihalinos: *euri* significa 'rango grande' y *halinos* 'salinidad'.

Sólo unos pocos peces, como el salmón o la anguila, están adaptados al mismo tiempo al agua dulce y al agua salada.

Las anguilas y los salmones son peces eurihalinos, que pasan parte de su vida en agua dulce y parte en agua salada.

EL EQUILIBRIO INTERNO PUEDE INFLUIR EN LA FORMA EXTERNA

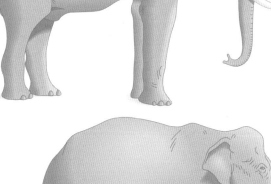

Los **elefantes africanos** y los **elefantes asiáticos** son animales muy similares en casi todo, sin embargo el rasgo que más los diferencia es el tamaño de sus **orejas**. Esta diferencia de tamaño no es casualidad, sino una adaptación al medio en el que viven. En África viven en las sabanas, donde el clima es muy caluroso, mientras que en Asia viven en zonas con abundante arbolado o en los bosques. Por ese motivo el cuerpo de los elefantes africanos tiende a acumular más calor. Para perder ese exceso de calor utilizan las orejas, por las que circulan multitud de **vasos sanguíneos** que se separan del exterior por una fina capa de piel, y cuanto mayor sean, tanto más eficaces resultan. Una excepción en África son los **elefantes de bosque**, que tienen también orejas más pequeñas que los que viven en las sabanas.

Muchos otros animales del desierto tienen las orejas más grandes de lo normal para perder calor, por ejemplo, el zorro del desierto, etc.

Un zorro del desierto, con sus grandes orejas, en su madriguera.

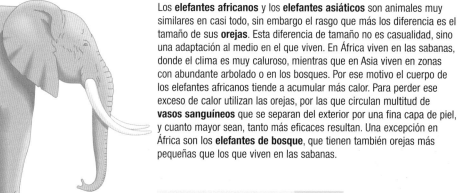

El elefante africano (arriba) es un poco mayor de tamaño que el asiático (abajo), y también tiene mayores las orejas y los colmillos.

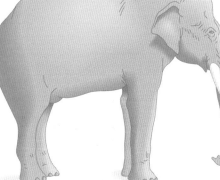

LA IRRITABILIDAD DE LAS PLANTAS

La interacción de los seres vivos con su entorno y con los otros organismos que viven a su alrededor es uno de los aspectos más importantes de su propia vida. La irritabilidad es el término con el que se designa la repuesta de un organismo ante un cambio de su entorno que pueda llegar a afectarle. Cuando el cambio comporta que el organismo reduzca su actividad entonces se habla de **inhibición**, mientras que si al contrario implica una mayor actividad y un aumento del gasto de energía entonces recibe el nombre de **excitación**.

PERCEPCIÓN DE LOS ESTÍMULOS EN UN VEGETAL

Una de las diferencias principales entre las plantas y los animales es que las primeras carecen de **sistema nervioso**. Sin embargo, ello no quiere decir que no puedan captar estímulos del exterior y reaccionar a ellos. Las plantas tienen unos **receptores** que se encuentran en su interior (a veces dentro de las células), que son capaces de captar tanto estímulos físicos (luz, gravedad, temperatura, etc.) como químicos (presencia de agua, de nutrientes, etc.). Una vez han captado el estímulo se generan unas **hormonas** que viajan hasta el lugar de la planta donde tenga que darse la respuesta, es decir, actúan de mensajeros.

ESTÍMULOS EN UN VEGETAL

primavera (se alarga el día)

verano

Las plantas que crecen en lugares con variaciones climáticas a lo largo del año tienen una estacionalidad muy marcada. Cuando el día empieza a alargarse, se induce el crecimiento y la floración. Cuando disminuyen las horas de luz, pierden las hojas y se reduce su actividad.

Las hormonas de los vegetales reciben el nombre de **fitohormonas** y son equivalentes a las que existen en los animales.

otoño (se acorta el día)

invierno

EL MOVIMIENTO DE LAS PLANTAS

Aunque no pueden desplazarse de manera activa como hacen los animales, los vegetales sí que realizan ciertos movimientos activos en respuesta de los estímulos exteriores. Existen varios tipos de movimiento entre los cuales se encuentran las **taxias**, los **tropismos** y las **nastias**. Además de esto, ciertas partes de las plantas (como las semillas, el polen, etc.) son capaces de llegar a lugares alejados, pero se trata de un movimiento pasivo: arrastre por el viento o el agua, transporte adheridos a animales, etc.

Existen algunas plantas que se mueven por estímulos propios, sin recibir ninguno externo. Este tipo de movimiento recibe el nombre de **nutación**. Por ejemplo, las enredaderas que crecen curvándose hacia algún lugar en busca de un punto de apoyo.

Introducción

La vida

Vida en
la Tierra

La base
de la vida

Bioquímica

Evolución
y genética

Herencia
y genética

Funciones de
los seres vivos

Cómo
funcionan los
seres vivos

**Relaciones
con el exterior**

Reproducción
y desarrollo

Clasificación
de los seres
vivos

El mundo
vegetal

El mundo
animal

El mundo
viviente

Índice
alfabético
de materias

Taxias	Propio de vegetales inferiores (algas unicelulares) y de productos reproductores (gametos). Es el cambio de dirección de la célula en función de estímulos externos. Puede ser positivo, cuando se dirigen hacia la fuente de estímulo, o negativos, cuando se alejan de ella.
Tropismos	Movimientos de crecimiento hacia un lugar u otro en función del estímulo. Existe tropismo positivo cuando la planta se dirige hacia el estímulo (por ejemplo, el tallo y las hojas crecen hacia la luz) y tropismo negativo cuando se aleja (la raíz crece alejándose de la luz). Existen varios tipos: • Fototropismo: cuando el estímulo es luminoso. • Geotropismo: cuando el estímulo es la fuerza de la gravedad. • Quimiotropismo: cuando el estímulo es químico (por ejemplo, presencia de humedad). • Haptotropismo: cuando el estímulo es un cuerpo sólido (por ejemplo, las enredaderas crecen apoyándose en un substrato y lo van recubriendo).
Nastias	Movimientos que realiza una planta reaccionando a un estímulo externo. Existen varios tipos: • Haptonastia: cuando el estímulo es el contacto (por ejemplo, las plantas carnívoras cierran sus trampas cuando un insecto se posa en ellas). • Fotonastia: cuando el estímulo es luminoso (por ejemplo, muchas flores se abren cuando hay luz y se cierran de noche o viceversa). • Termonastia: cuando el estímulo es la temperatura. • Quimionastia: cuando el estímulo es químico.

EXPERIMENTOS

1. En busca de la luz

Al mismo tiempo plantaremos una semilla en un tiesto normal (A) y otra en un tiesto que dispondremos dentro de una caja de zapatos (B) con una pequeña abertura por la que pueda entrar la luz allí donde nos apetezca. Al cabo de unos días (si las regamos y cuidamos), veremos cómo la primera planta crecerá hacia arriba, con toda normalidad, mientras que la segunda realizará el crecimiento en dirección hacia el agujero (es decir, hacia la fuente de luz).

La luz es uno de los principales estímulos de las plantas, pues proporciona la energía necesaria para llevar a cabo la fotosíntesis.

A   B

2. La ley de la gravedad

Pondremos una semilla sobre un algodón húmedo (C) y dejaremos que germine. Cuando lo haya hecho, la plantaremos con la raíz hacia arriba y el tallo hacia abajo. Al cabo de unos días podremos observar que ha modificado el sentido de crecimiento de estas partes (D). La raíz girará hacia abajo (siguiendo la fuerza de la gravedad) y el tallo hacia arriba (en contra de la fuerza de la gravedad y en busca de luz).

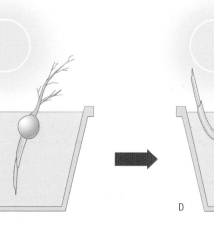

C   D

UN GRAN INVENTO: EL SISTEMA NERVIOSO

El sistema nervioso, presente únicamente en los animales pluricelulares, es un sistema muy sofisticado que permite al organismo darse cuenta de los cambios de las condiciones del medio y que se encarga de informarle de los mismos para poder reaccionar a ellos con una respuesta adecuada en cada ocasión. El sistema nervioso también procesa la información interna del propio cuerpo, por ejemplo, la referente a la temperatura.

¿CÓMO ES EL SISTEMA NERVIOSO?

Está formado por un conjunto de células interconectadas unas a las otras. Su unión se realiza en cadena, y a su vez, estas cadenas se unen entre ellas formándose una complicada red. En uno de los extremos de estas cadenas se encuentran las **células sensoriales**, las que captan el **estímulo**, como las que registran las diferencias de luz en los ojos, las que captan los cambios de temperatura en la piel, etc. En el otro extremo se encuentra el **cerebro** o el **ganglio central**, que es donde se procesa la información. Cuando el cerebro decide la respuesta que se ha de hacer frente al estímulo entonces envía información a los músculos u órganos del cuerpo (a las células motoras) para que actúen en consecuencia.

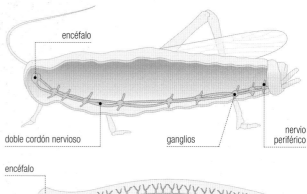

encéfalo

doble cordón nervioso · ganglios · nervio periférico

ESTRUCTURA DE UNA NEURONA MOTORA

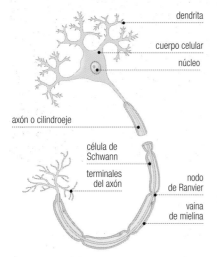

dendrita
cuerpo celular
núcleo
axón o cilindroeje
célula de Schwann
terminales del axón
nodo de Ranvier
vaina de mielina

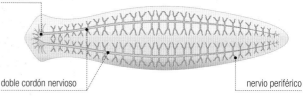

encéfalo

doble cordón nervioso · nervio periférico

El sistema nervioso de un saltamontes (arriba) y de una planaria (abajo).

> La información viaja a través del sistema nervioso en forma de impulsos eléctricos.

> Las fibras nerviosas por las que entran los impulsos nerviosos a la neurona se llaman **dendritas**. La fibra nerviosa por la que sale el impulso se llama **axón**.

> Las células nerviosas se llaman **neuronas**. Constan de un cuerpo celular, el **soma**, y prolongaciones que son las **fibras nerviosas**.

LOS ESTÍMULOS

Son las condiciones del medio que se pueden captar mediante los órganos de los sentidos. Por ejemplo, un perro cuando ve a un gato a lo lejos recibe un estímulo visual; cuando le toca su amo, un estímulo táctil; cuando oye un ruido, un estímulo auditivo; cuando encuentra el rastro de otro perro, un estímulo olfativo; y al comer, estímulos gustativos. En cambio, puede haber una variación en el pH de su agua de bebida que no la percibe pues no tiene órganos de los sentidos capaces de detectar el pH, mientras muy posiblemente los microorganismos que puedan vivir en esa agua sí hayan captado ese cambio.

> Los perros y muchos otros mamíferos tienen el olfato muy desarrollado. A ello contribuye la gran longitud de sus canales nasales, que pueden albergar un número de células sensibles al olor mucho mayor que la nariz de los seres humanos.

CÓMO FUNCIONAN LOS ESTÍMULOS DE LOS ANIMALES

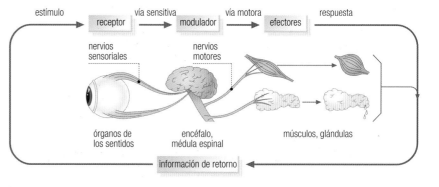

estímulo → receptor → vía sensitiva → modulador → vía motora → efectores → respuesta

nervios sensoriales · nervios motores

órganos de los sentidos · encéfalo, médula espinal · músculos, glándulas

información de retorno

SENTIDOS ESPECIALES

Algunos animales han desarrollado la particularidad de poder captar estímulos que otros no pueden. Se trata de un medio de adaptación al entorno y a su modo de vida. Así, los **murciélagos**, por ejemplo, vuelan en la oscuridad emitiendo constantemente unos sonidos que rebotan contra los objetos. Este sonido al chocar contra una rama, por ejemplo, produce un eco que el murciélago es capaz de captar y así se da cuenta de la presencia de la rama y puede esquivarla. Esos sonidos que emiten los murciélagos son **ultrasonidos**, que nosotros, y muchos otros animales, no podemos escuchar.

Las **ballenas** también se pueden comunicar entre sí a gran distancia por medio de **ultrasonidos** que se transmiten por el agua. Su sistema nervioso ha desarrollado especialmente el sentido del oído para poder sobrevivir mejor en un medio tan inmenso como es el océano.

Los murciélagos pueden esquivar los obstáculos gracias a su sofisticado sistema de "radar".

LA CONDUCTA

El hecho de que un animal se comporte de un modo u otro es fruto de su sistema nervioso. En un principio los animales inferiores tienen pautas de conducta simples, obedeciendo únicamente al **instinto**. Sin embargo, a medida que va aumentando el grado de complejidad, su comportamiento va haciéndose también cada vez **más elaborado**. En el extremo de esta escala se encuentran los seres humanos, cuya manera de comportarse no suele obedecer a los instintos sino que generalmente reaccionan a los estímulos del medio influidos por la conducta. Por ejemplo, aunque no tengan sed beberán líquido si se encuentran en una reunión o en una fiesta.

La **etología** (del griego: *ethos*, costumbre, y *logos*, tratado) es la ciencia que estudia el comportamiento de las especies animales, y su objetivo es explicar globalmente el funcionamiento de los seres vivos, en relación con su entorno.

Cuanto más evolucionado está el animal más complejo es su sistema nervioso y mayor es el tamaño de su cerebro. Cuanto mayor es el cerebro, más compleja es la conducta de un animal, ya que en él puede almacenar recuerdos y experiencias que sirven para respuestas futuras ante un mismo estímulo.

El cortejo del espinoso está ritualizado y obedece a un instinto desencadenado por el sistema hormonal.

EL MOVIMIENTO PASIVO Y ACTIVO

Como hemos visto en capítulos anteriores, los animales tienen la capacidad de moverse de un lado a otro. Sin embargo, existen otros muchos movimientos que quizá no son tan fáciles de percibir, como el latido del corazón, el de los intestinos para impulsar el alimento hacia adelante, etc. El movimiento activo es aquel que se realiza a voluntad propia, mientras que el movimiento pasivo es aquel que realiza el cuerpo para mantener sus funciones vitales y que no podemos controlar.

EL SISTEMA NERVIOSO AUTÓNOMO CONTROLA EL MOVIMIENTO ACTIVO

Cuando un animal realiza movimientos a voluntad utiliza una parte del **sistema nervioso**, que recibe el nombre de **autónomo**. En él se pueden diferenciar dos partes principales, el **sistema nervioso central**, formado por el cerebro y la médula espinal, y el **sistema nervioso periférico** formado por los nervios distales, donde se captan los estímulos (nervios sensoriales) y donde se activan los músculos (nervios motores).

Un ejemplo de movimiento activo es el de captura del alimento. Un camaleón, por ejemplo, ve un insecto volando por las cercanías y lo va siguiendo con la vista (percibe los estímulos visuales con los nervios periféricos sensitivos de los **ojos** y transmite esta información al **cerebro**). Cuando el insecto está lo suficientemente cerca, entonces el cerebro envía una orden a los músculos de la lengua para que se desenrolle y se lance contra el insecto y, una vez capturado, lo introduzca en la boca.

 El sistema nervioso autónomo (SNA) es el responsable de la capacidad de **reaccionar** frente a un estímulo.

El camaleón lanza bruscamente su lengua hacia el insecto y éste queda pegado en ella.

EL SISTEMA NERVIOSO VEGETATIVO CONTROLA EL MOVIMIENTO PASIVO

Existen muchos movimientos que el animal realiza de una forma inconsciente, como la **respiración**. De hecho, no estamos constantemente pensando que tenemos que respirar, lo hacemos sin darnos cuenta. La parte del sistema nervioso que se encarga de coordinar este tipo de movimientos se llama **vegetativo**. También en este caso las órdenes sigue dándolas el **cerebro** y continúan transmitiéndose a través de los **nervios** hasta los músculos. Cuando lo que se consigue es estimular un proceso (aumento del ritmo cardíaco o de la concentración de iones en sangre) se dice que ha actuado el **sistema simpático**, mientras que cuando el resultado es el contrario (se frena el proceso) es el **sistema parasimpático** el que actúa.

El sistema nervioso vegetativo (SNV) es el responsable de la capacidad de **actuar** sobre los procesos orgánicos y sobre el estado del animal.

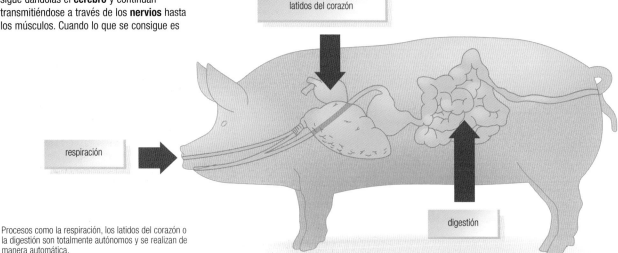

latidos del corazón

respiración

digestión

Procesos como la respiración, los latidos del corazón o la digestión son totalmente autónomos y se realizan de manera automática.

Introducción

La vida

Vida en
la Tierra

La base
de la vida

Bioquímica

Evolución
y genética

Herencia
y genética

Funciones de
los seres vivos

Cómo
funcionan los
seres vivos

**Relaciones
con el exterior**

Reproducción
y desarrollo

Clasificación
de los seres
vivos

El mundo
vegetal

El mundo
animal

El mundo
viviente

Índice
alfabético
de materias

EL TEJIDO MUSCULAR ES EL RESPONSABLE DEL MOVIMIENTO

Salvo los organismos unicelulares así como las esponjas y los cnidarios, el resto de animales cuenta con un **sistema muscular** bien desarrollado. Obedeciendo a las órdenes de los nervios que llegan hasta ellos, se contraen o se estiran produciendo entonces el movimiento de una parte del cuerpo. En el caso del movimiento pasivo entra en juego un tipo de músculos que recibe el nombre de **músculos lisos**, mientras que en el caso del movimiento activo son los **músculos estriados** los que funcionan.

EL TEJIDO MUSCULAR

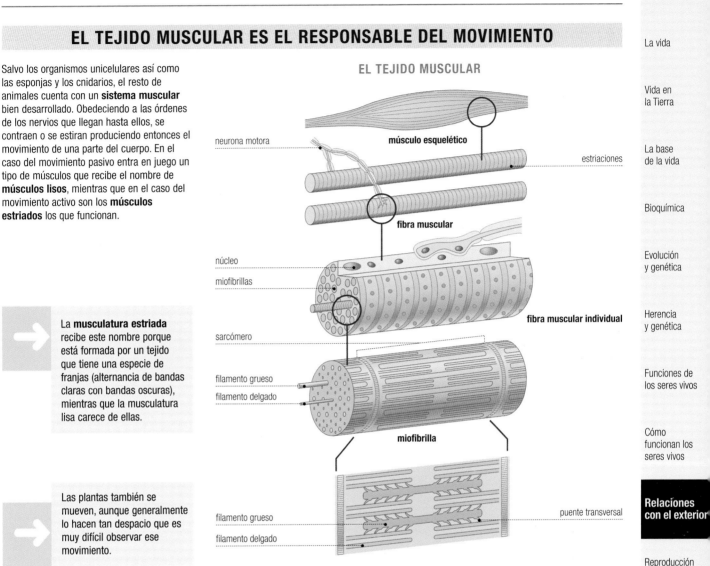

neurona motora

músculo esquelético

estriaciones

fibra muscular

núcleo

miofibrillas

fibra muscular individual

sarcómero

filamento grueso

filamento delgado

miofibrilla

filamento grueso

puente transversal

filamento delgado

La **musculatura estriada** recibe este nombre porque está formada por un tejido que tiene una especie de franjas (alternancia de bandas claras con bandas oscuras), mientras que la musculatura lisa carece de ellas.

Las plantas también se mueven, aunque generalmente lo hacen tan despacio que es muy difícil observar ese movimiento.

EL MOVIMIENTO DE LAS CÉLULAS

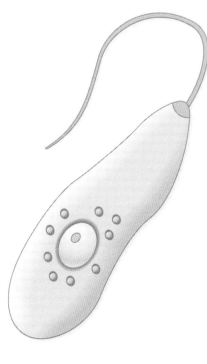

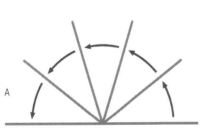

A

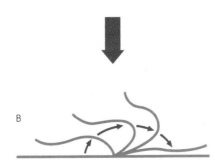

B

La mayoría de las células que forman un tejido son inmóviles, sin embargo en su interior sí se producen gran cantidad de movimientos y también entre las sustancias que entran y salen de ellas a través de la membrana celular, que presenta canales específicos para cada sustancia.

Por otro lado, algunas células especiales de los organismos pluricelulares, como son los **espermatozoides** encargados de la reproducción, así como muchos organismos unicelulares tienen la capacidad de moverse por sí mismas. Para avanzar y desplazarse utilizan o bien **cilios** o **flagelos** o bien se arrastran sobre el substrato mediante movimientos ameboides, es decir, emitiendo **seudópodos** como las amebas.

El movimiento del flagelo de un protozoo (a la izquierda) tiene dos etapas: (A) el golpe de avance y (B) el golpe de recuperación.

69

EL COMPORTAMIENTO ANIMAL

El comportamiento es el conjunto de reacciones que tiene un ser vivo ante el mundo que lo rodea. Frente a un estímulo como es la salida del Sol, los murciélagos se esconderán en sus cuevas para evitarlo, mientras que los reptiles saldrán a calentarse con sus rayos. Cada especie animal tiene una forma propia de comportarse, y en la mayoría de casos ese comportamiento se encuentra escrito en los genes, siendo una de las principales herramientas para asegurar la supervivencia.

EL COMPORTAMIENTO Y EL SISTEMA NERVIOSO

Los protozoos, que son unicelulares, responden ante los estímulos del medio siguiendo las **leyes químicas** o **físicas**; por ejemplo, cuando encuentran un área de salinidad excesiva dan la vuelta y se retiran en busca de otra zona más adecuada. En cambio, a medida que va aumentando el grado de complejidad del **sistema nervioso** vemos que los comportamientos van haciéndose cada vez más elaborados. Los gusanos, por ejemplo, pueden esconderse o salir de la tierra en función del grado de humedad ambiental o calor, las arañas tejen una tela para capturar a sus víctimas, las aves pueden comunicarse entre ellas mediante sus cantos, etc. En el extremo superior se encuentra el ser humano, que presenta un grado de comportamiento muy complejo en el que entra en juego el proceso conocido como **pensamiento**.

Cuanto más complejo es el sistema nervioso, más capacidades puede desarrollar el animal.

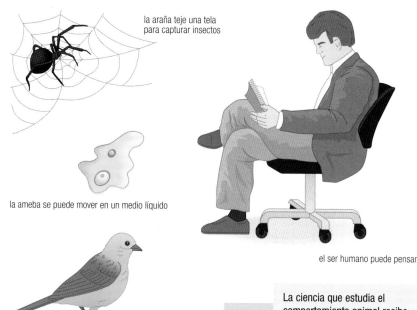

la araña teje una tela para capturar insectos

la ameba se puede mover en un medio líquido

el ser humano puede pensar

las aves se comunican entre sí mediante cantos

La ciencia que estudia el comportamiento animal recibe el nombre de **etología** y la que estudia el comportamiento humano es la **psicología**.

NIVELES DE COMPORTAMIENTO

Los animales presentan dos tipos de conducta básica diferentes. En algunos casos realiza acciones automáticas, siempre con la misma respuesta ante el mismo estímulo, y sería el caso del **comportamiento innato** (taxis, reflejos, instinto). Otro nivel de comportamiento es el que se denomina **adquirido**, que se va construyendo en función de las experiencias vividas (aprendizaje, razonamiento). El comportamiento adquirido es propio de los animales superiores, preferentemente en los vertebrados, sin embargo algunos animales invertebrados como los pulpos también tienen un alto grado de inteligencia.

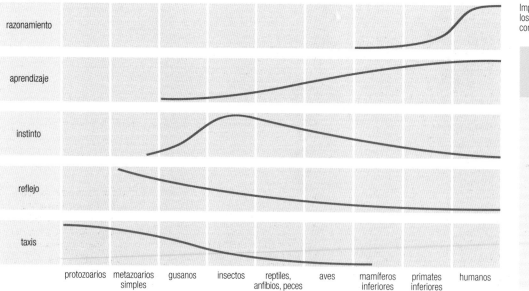

Importancia relativa de los distintos tipos de comportamiento.

| razonamiento |
| aprendizaje |
| instinto |
| reflejo |
| taxis |

protozoarios | metazoarios simples | gusanos | insectos | reptiles, anfibios, peces | aves | mamíferos inferiores | primates inferiores | humanos

Otro nivel de comportamiento es el social, es decir, las reacciones que se tienen frente a individuos de la propia especie. En algunos animales resulta especialmente importante, como en los primates.

EL INSTINTO

Es aquel comportamiento **innato** que tienen los animales frente a ciertos estímulos y que les ayudan en gran medida a sobrevivir. Se trata de patrones de **conducta** más complejos que los **reflejos**, pero que funcionan del mismo modo, dando siempre una misma respuesta, aunque en los animales superiores puede ir acompañado de otros comportamientos que lo modifican. Uno de los instintos básicos de la mayoría de animales es el de conservación. La respuesta puede ser muy variada y así, ante el ataque de un **depredador**, en algunos casos, la respuesta será la huida; en otros permanecer completamente inmóviles para pasar inadvertidos y en otros casos plantar cara al depredador para defenderse. Otros comportamientos instintivos son el destinado a la **reproducción**, el **cuidado de la prole** en el caso de las aves y los mamíferos y las **migraciones**, tanto en vertebrados como en invertebrados.

Las pequeñas anguilas nacen en el mar de los Sargazos. Al poco tiempo emprenden un largo viaje hasta los ríos de Europa y Norteamérica. Allí crecen y se desarrollan y cuando llega el momento de reproducirse vuelve a ponerse en marcha el mecanismo del instinto y comienzan el viaje de regreso al lugar donde han nacido para poner los huevos.

Otras especies migratorias muy conocidas son las mariposas monarca, los salmones, los renos, los ñus, las cigüeñas y las golondrinas.

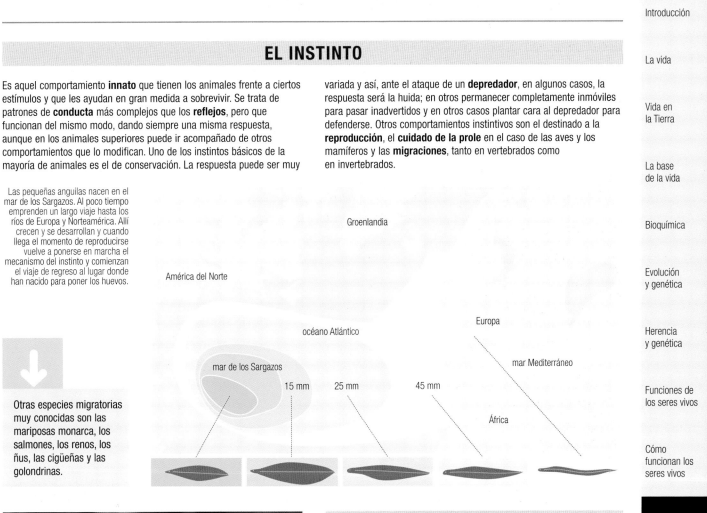

Groenlandia

América del Norte

océano Atlántico

Europa

mar de los Sargazos

mar Mediterráneo

15 mm   25 mm   45 mm

África

La vida

Vida en
la Tierra

La base
de la vida

Bioquímica

Evolución
y genética

Herencia
y genética

Funciones de
los seres vivos

Cómo
funcionan los
seres vivos

**Relaciones
con el exterior**

Reproducción
y desarrollo

Clasificación
de los seres
vivos

El mundo
vegetal

El mundo
animal

El mundo
viviente

Índice
alfabético
de materias

EL APRENDIZAJE

Los animales que presentan un **sistema nervioso** complejo son capaces de aprender de las situaciones vividas. Por ejemplo, las gaviotas observaron que desde los barcos pesqueros se lanzan al mar una gran cantidad de peces (los que no son interesantes económicamente) y con el tiempo han aprendido a seguir a estas naves para poder obtener así de manera fácil una gran cantidad de alimento. Seguir a los barcos no es una conducta innata de estos animales sino adquirida tras la experiencia.

Los procesos básicos de aprendizaje tienen lugar durante la infancia y el juego es una de las principales maneras de aprender.

En los cachorros de león, el aprendizaje parece un juego, pero no es sino un continuo desarrollo de habilidades que le permitirán muy pronto defenderse y obtener el alimento por sí mismo.

Cuanto más evolucionado es el psiquismo de un animal más tiempo dura su período de aprendizaje. Así, entre los primates, incluido el ser humano, la infancia dura varios años.

LA REPRODUCCIÓN ASEXUAL

Debido a que los seres vivos tienen una vida limitada es necesario que se multipliquen para perpetuar la especie. La reproducción es el fenómeno mediante el cual los organismos existentes forman nuevos individuos a partir de ellos mismos. Una modalidad de reproducción es la asexual, que se realiza sin intercambio genético. En este tipo no hay intercambio de genes, por lo cual los descendientes son siempre idénticos al progenitor debido a que su información genética es exactamente la misma.

TIPOS DE REPRODUCCIÓN ASEXUAL EN LOS ANIMALES

En el mundo animal existen 4 tipos básicos de reproducción asexual. Los organismos unicelulares en la mayoría de casos se reproducen por **bipartición:** la célula madre se divide en dos partes iguales formando dos individuos idénticos. En otros casos a partir de una célula madre surgen múltiples individuos nuevos: es la denominada **pluripartición** o **escisión múltiple**. La **gemación** es un proceso mediante el cual se forma una especie de extensiones corporales, o yemas, que acaban desarrollando un nuevo individuo. Por último, tenemos la **fragmentación**, que se da en organismos pluricelulares y que consiste en la partición de un individuo en dos o más fragmentos a partir de los cuales se desarrollará un nuevo ser.

REPRODUCCIÓN ASEXUAL DE LOS ORGANISMOS INFERIORES

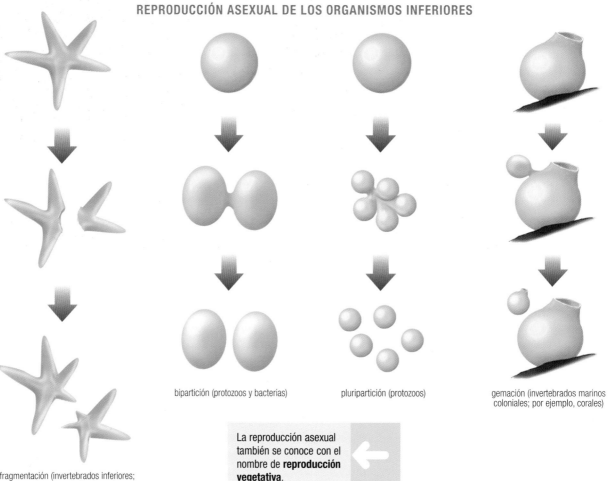

bipartición (protozoos y bacterias)

pluripartición (protozoos)

gemación (invertebrados marinos coloniales; por ejemplo, corales)

fragmentación (invertebrados inferiores; por ejemplo, estrella de mar)

La reproducción asexual también se conoce con el nombre de **reproducción vegetativa**.

REPRODUCCIÓN ASEXUAL EN PLANTAS

Las plantas tienen un ciclo vital en el cual se alternan fases asexuales con fases sexuales. En la fase asexual una célula madre se divide formando finalmente un conjunto de células a partir de las cuales se desarrollan nuevas plantas. Estas células se denominan **esporas** y presentan una cubierta protectora que evita su desecación hasta que encuentran las condiciones favorables para germinar.

Además los vegetales se reproducen frecuentemente por gemación o fragmentación (formando propágulos, tubérculos, rizomas, estolones, bulbos, etc.).

Las bacterias, los hongos y las algas también fabrican esporas para reproducirse asexualmente.

LA GEMACIÓN

Es un proceso de reproducción asexual que puede darse tanto en seres unicelulares como pluricelulares. En el primer caso la yema se forma a partir de una porción del protoplasma y se da generalmente en levaduras. En el caso de seres pluricelulares, como las esponjas o los celentéreos, las yemas están formadas por un conjunto de células. La yema puede o bien desprenderse del cuerpo del progenitor o bien quedar unida a él formando una colonia.

La reproducción asexual no permite la evolución, pues no existen diferencias entre progenitores y descendientes que puedan ayudar a mejorar la adaptación al medio.

Las colonias de coral son un ejemplo de gemación en el que los nuevos individuos quedan unidos a los progenitores formando una gran masa.

LA ALTERNANCIA DE GENERACIONES

En los organismos inferiores la única forma de multiplicarse es por vía asexual, pero a medida que la organización de las plantas y de los animales se hace más compleja, comienzan también a reproducirse sexualmente. En estos casos, unas veces se reproducen por un método y otras, por el contrario, siguiendo un ciclo regular que se llama **alternancia de generaciones**. Es una alternativa de gran utilidad que permite una multiplicación rápida y sencilla por un lado, y por el otro presenta fases en que es posible el intercambio de genes y con ello la **evolución**.

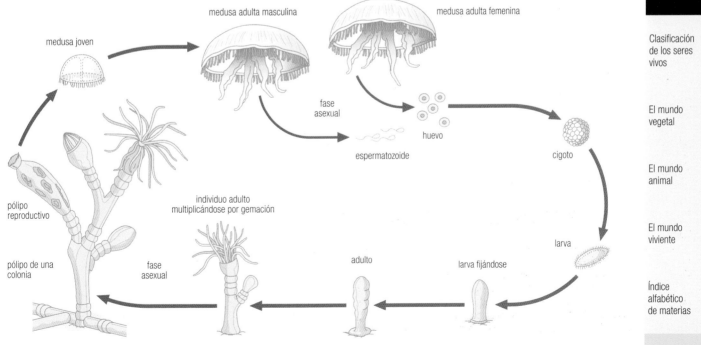

LA REPRODUCCIÓN SEXUAL EN PLANTAS

La reproducción sexual es aquella en la que existe intercambio genético entre dos individuos. Cada uno de ellos produce unas células especializadas, los gametos, que al unirse entre sí forman un cigoto que dará lugar a un nuevo ser. Las plantas, por su parte, son organismos típicos en los que se produce un ciclo vital donde se alternan la reproducción sexual y la asexual.

LOS GAMETOS

Son células que sólo contienen la mitad de la información genética (se llaman células **haploides**). Se obtienen mediante un proceso de división denominado **meiosis**, en el cual a partir de una célula con dos juegos de cromosomas (llamada célula **diploide**) se forman cuatro células haploides (y, por tanto, con sólo un juego de cromosomas cada una). Cada una de las células que se va produciendo recibe un nombre diferente y también dependiendo del sexo. Así, los gametos masculinos son los **granos de polen** y los femeninos, los **óvulos**.

En las plantas superiores los gametos femeninos se producen en el ovario y los masculinos en las anteras, ambas partes de la flor.

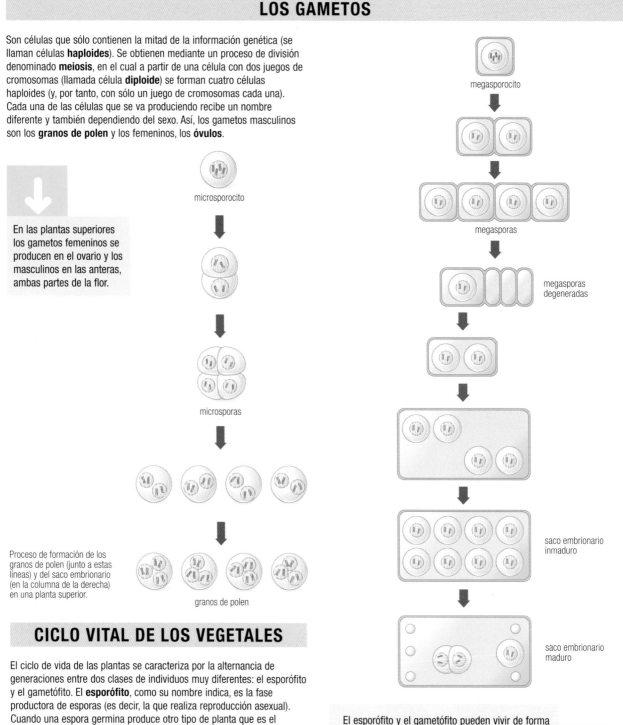

microsporocito

microsporas

Proceso de formación de los granos de polen (junto a estas líneas) y del saco embrionario (en la columna de la derecha) en una planta superior.

granos de polen

megasporocito

megasporas

megasporas degeneradas

saco embrionario inmaduro

saco embrionario maduro

CICLO VITAL DE LOS VEGETALES

El ciclo de vida de las plantas se caracteriza por la alternancia de generaciones entre dos clases de individuos muy diferentes: el esporófito y el gametófito. El **esporófito**, como su nombre indica, es la fase productora de esporas (es decir, la que realiza reproducción asexual). Cuando una espora germina produce otro tipo de planta que es el **gametófito**, que al crecer y desarrollarse forma estructuras en las que se producen los gametos. Éstos, al fecundarse (reproducción sexual), producen un nuevo ser, siempre **diploide** que será de nuevo un esporófito. Así el ciclo va alternando generaciones de esporófitos y gametófitos indefinidamente.

El esporófito y el gametófito pueden vivir de forma separada (como en el caso de los helechos, las algas y los musgos) o junta (como en las plantas superiores). En este último caso es muy difícil diferenciar a simple vista ambas generaciones.

ADAPTACIÓN AL MEDIO TERRESTRE

Las plantas más antiguas vivían en los medios acuáticos, ya que sus gametos masculinos necesitaban de este medio para desplazarse hasta el gameto femenino. Para poder colonizar el medio terrestre tuvieron que ir modificando el sistema de desplazamiento de los **gametos masculinos**, adaptándose cada vez mejor al aire libre, hasta el punto de que las plantas más evolucionadas pueden llegar a vivir en los ambientes más áridos, ya que el productor de gametos masculinos viaja en el interior de una estructura protectora.

Las semillas son estructuras que envuelven y protegen al embrión vegetal, evitando que se deseque fácilmente y haciendo que germine sólo en las condiciones más adecuadas.

Los cactos son plantas adaptadas a los terrenos desérticos, y han desarrollado estrategias para captar la poca agua disponible, para almacenarla, para reducir al mínimo las pérdidas por evaporación y para defenderse de los animales sedientos.

PARTES DE LA FLOR

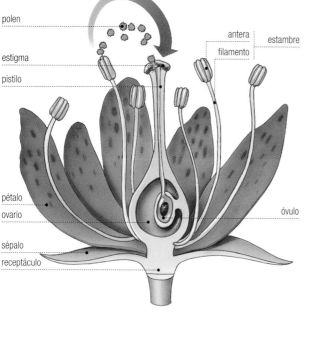

polen

estigma

pistilo

antera

filamento

estambre

pétalo

ovario

óvulo

sépalo

receptáculo

LA FLOR

Es la parte encargada de la **reproducción sexual** en las plantas superiores. La parte masculina está formada por los **estambres**. En ellos se producen las esporas, en cuyo interior se forman los gametos masculinos. La parte femenina está formada por el **pistilo**, que es una estructura en forma de botella en la que se encuentran los **ovarios** donde se forman los gametos femeninos. El pistilo presenta una obertura llamada **estigma** por la que penetran los granos de polen.

Algunas especies de plantas producen flores femeninas y masculinas por separado. En unos casos la misma planta tiene ambos tipos de flores y en otros sólo uno de ellos.

Muchas flores son vistosas y presentan aromas perfumados para atraer a los insectos que serán los encargados de transportar los granos de polen entre una y otra flor. Las plantas que utilizan el viento para polinizarse presentan flores mucho más discretas.

Funciones de
los seres vivos

Cómo
funcionan los
seres vivos

Relaciones
con el exterior

**Reproducción
y desarrollo**

Clasificación
de los seres
vivos

LA SEMILLA

La semilla es el **embrión** de la planta. Se produce cuando el **grano de polen** fecunda al **óvulo**, que entonces se transforma en una estructura que contiene sustancias nutritivas (para el desarrollo posterior de la planta joven) y una cubierta protectora. Las gimnospermas (como los pinos) llevan las semillas al descubierto o protegidas por alguna estructura protectora (por ejemplo, escamas), pero en las angiospermas está rodeada del **fruto**, que puede adoptar formas muy diversas.

PARTES DE UNA SEMILLA

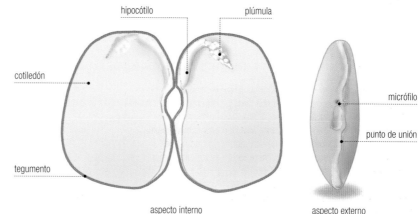

hipocótilo

plúmula

cotiledón

micrófilo

punto de unión

tegumento

aspecto interno

aspecto externo

El mundo
vegetal

El mundo
animal

El mundo
viviente

Índice
alfabético
de materias

LA REPRODUCCIÓN SEXUAL EN ANIMALES

El modo más extendido de reproducción en el mundo animal es la sexual, es decir mediante la unión de dos gametos, un espermatozoide y un óvulo, que al fusionarse dan lugar al cigoto o célula inicial a partir de la cual se formará el resto del cuerpo.

Sólo algunos grupos inferiores (esponjas, cnidarios, equinodermos y algún gusano) son capaces de reproducirse asexualmente, el resto se reproducen siempre de forma sexual.

LA FECUNDACIÓN

Es el momento en que se unen el **óvulo** (gameto femenino) con el **espermatozoide** (gameto masculino). En la naturaleza existen dos formas básicas de fecundación, o bien en el interior del cuerpo de la hembra (**fecundación interna**) o bien en el exterior (**fecundación externa**). La fecundación externa se da en animales acuáticos, como crustáceos, peces, etc., donde los gametos masculinos pueden desplazarse por el agua. La fecundación interna se da en animales terrestres y algunos acuáticos (como los tiburones) y se realiza mediante la **cópula**, en la que el macho libera los espermatozoides en el interior del cuerpo de la hembra.

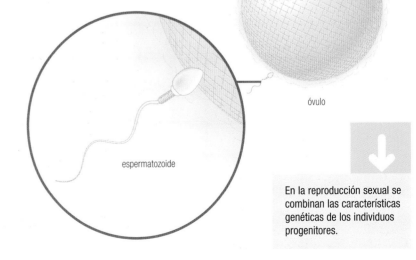

La trucha es un animal acuático que suelta sus huevos en el agua, medio en el que se desarrollarán. En la fotografía, obtención de huevos de trucha común para criar alevines y repoblar ríos y lagos.

A la unión sexual de dos animales de distinto sexo se llama cópula.

En el caballito de mar es la hembra la que libera los óvulos en el interior de la bolsa copuladora del macho y será éste quien llevará en su interior los huevos hasta que salgan los pequeños caballitos. Es un caso excepcional en la naturaleza.

El espermatozoide es el gameto masculino y su misión es fecundar al óvulo, el gameto femenino.

óvulo

espermatozoide

LOS GAMETOS

Algunos animales que fabrican gametos exactamente iguales, no pudiéndose diferenciar el femenino del masculino, se denominan **isogametos** y se dan en algunos grupos de protozoos y de invertebrados. Sin embargo, en la mayoría de especies sí que existe esta diferenciación sexual. Los gametos masculinos, llamados **espermatozoides**, son más pequeños y presentan un largo flagelo que les permite moverse en un medio líquido. Los gametos femeninos, denominados **óvulos**, son de un tamaño bastante mayor y redondos, no pudiéndose mover por sus propios medios.

En la reproducción sexual se combinan las características genéticas de los individuos progenitores.

FÁBRICA DE GAMETOS

Los animales presentan algunos órganos cuya función es exclusivamente reproductora. El conjunto de estos órganos se denomina **sistema reproductor**. Existe una gran gama de modalidades de sistema reproductor; el más conocido es el de los vertebrados, en los que existen macho y hembra (dos) por separado. Los principales órganos del macho son los **testículos** (dos) y los de la hembra, los **ovarios** (también dos). Sin embargo, muchos invertebrados no siguen este esquema, sino que presentan un conjunto de más de dos testículos o de ovarios e incluso existen individuos **hermafroditas**, que presentan tanto órganos femeninos como masculinos a la vez.

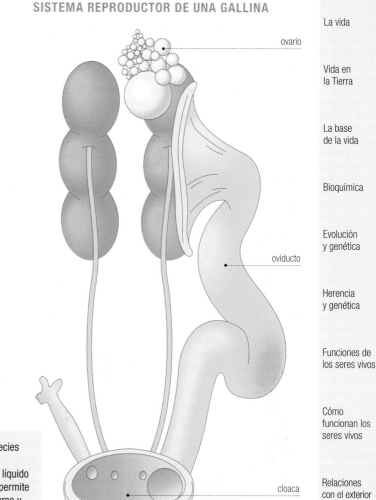

ovario

oviducto

cloaca

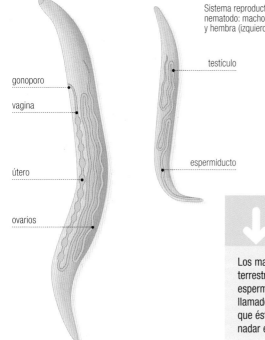

Sistema reproductor de un nematodo: macho (derecha) y hembra (izquierda).

gonoporo
vagina
útero
ovarios

testículo

espermiducto

Los machos de las especies terrestres expulsan los espermatozoides en un líquido llamado **semen**, y que permite que éstos puedan moverse y nadar en él en busca del óvulo.

EL CELO

Casi todos los animales se reproducen en una época concreta del año, que es la más idónea para que el nacimiento de las crías coincida con un buen momento (en que la temperatura sea adecuada, abunde el alimento, etc.). Este período de reproducción se llama **celo** y generalmente comporta un gran cambio en la conducta de los animales: algunos que son solitarios pueden vivir en pareja o en grupo durante unos días o semanas. En algunas especies se realizan auténticas danzas de acercamiento entre el macho y la hembra antes de la fecundación. En muchos casos, los machos luchan entre ellos para conseguir una hembra. Además, incluso hay algunos animales que cambian su aspecto físico, generalmente acentuando la coloración o desarrollando estructuras llamativas en el cuerpo.

El hombre y algunos primates no tienen época de celo y pueden reproducirse en cualquier época del año.

El urogallo tiene un rito sexual muy llamativo, ya que los machos esperan a las hembras en claros del bosque y las intentan atraer mediante unos cantos muy característicos que suenan como el repiqueteo de unas castañuelas.

DEL HUEVO AL ADULTO

En la reproducción sexual un óvulo se une a un espermatozoide en un proceso denominado fecundación, formando el cigoto. A partir de este momento el cigoto sufre una serie de transformaciones que día tras día van modelándolo y haciendo que cada vez se parezca más a un ser adulto. Este período se denomina **desarrollo embrionario** y es uno de los más importantes de la vida, pues en él se van formando los órganos necesarios para la vida.

TODO COMIENZA CON UNA CÉLULA

Al unirse el espermatozoide con el óvulo se forma una célula **diploide** llamada **cigoto**, a partir de la cual se formará el resto del cuerpo. Esta primera célula se divide formando dos células, que a su vez se vuelven a dividir formando un cuerpo de cuatro células, y así sigue el proceso de división hasta formar una gran masa de células. La parte inicial del desarrollo es extremadamente importante, ya que las primeras células son **indiferenciadas**, es decir, que pueden llegar a formar cualquier parte del cuerpo. Más tarde, cuando el feto tiene un determinado número de células, cada una de ellas tendrá un destino concreto, esto es, llegarán a formar una parte concreta del cuerpo. Cuando por diversas razones el feto en sus inicios se divide por la mitad pueden formarse individuos gemelos.

El nacimiento es el momento en que un ser vivo sale del interior del cuerpo de su madre o del huevo para empezar una vida independiente en el exterior.

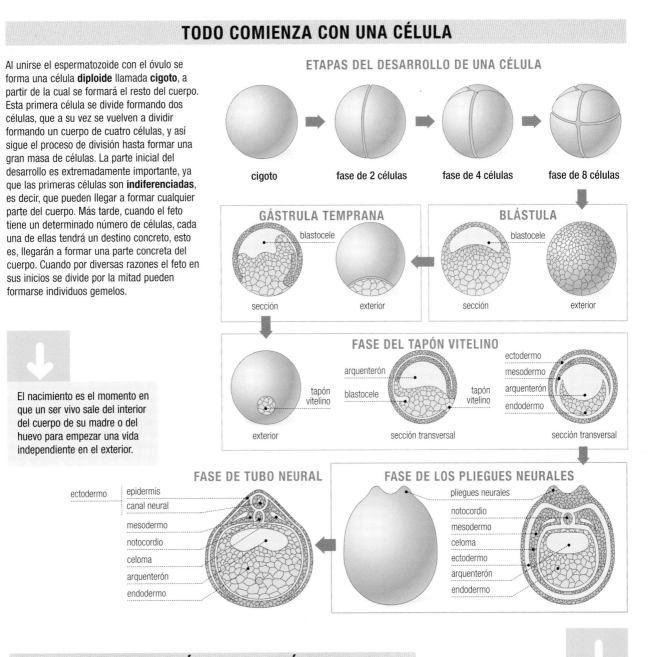

ETAPAS DEL DESARROLLO DE UNA CÉLULA

cigoto — fase de 2 células — fase de 4 células — fase de 8 células

GÁSTRULA TEMPRANA
blastocele
sección — exterior

BLÁSTULA
blastocele
sección — exterior

FASE DEL TAPÓN VITELINO
arquenterón
tapón vitelino
blastocele
tapón vitelino
exterior — sección transversal
ectodermo
mesodermo
arquenterón
endodermo
sección transversal

FASE DE TUBO NEURAL
ectodermo — epidermis
canal neural
mesodermo
notocordio
celoma
arquenterón
endodermo

FASE DE LOS PLIEGUES NEURALES
pliegues neurales
notocordio
mesodermo
celoma
ectodermo
arquenterón
endodermo

ANIMALES OVÍPAROS Y VIVÍPAROS

En algunos grupos de animales, como los mamíferos, el desarrollo embrionario se realiza en el interior del cuerpo de la madre, del que salen las crías por lo general ya completamente formadas; se dice que son **vivíparos**. Cuando una hembra está embarazada, el **feto** crece en su interior utilizando los nutrientes necesarios del cuerpo de la madre, que le llegan por la sangre a través del **cordón umbilical**. Otros grupos, como los invertebrados, los peces, los anfibios, los reptiles y las aves ponen huevos, es decir, son **ovíparos**. En este caso el feto se encuentra encerrado en una estructura que contiene todos los nutrientes necesarios para su desarrollo embrionario.

Algunos animales producen huevos, pero éstos permanecen en el interior del cuerpo de la madre, donde eclosionan y entonces las crías salen al exterior. A este tipo de animales se les llama **ovovivíparos** y como ejemplo encontramos a algunas serpientes y algunos insectos.

DESARROLLO DIRECTO E INDIRECTO

Los animales pueden nacer con un cuerpo similar al de los adultos de su misma especie y los únicos cambios que realiza hasta llegar a la edad adulta es el crecimiento de los órganos y la funcionalidad de algunos de ellos. Otros nacen con un aspecto totalmente distinto al de los adultos y en su desarrollo pasan por un período de profundas transformaciones llamada **metamorfosis**, en que su cuerpo cambia por completo. Los primeros son los animales de **desarrollo directo** mientras que los segundos se denominan de **desarrollo indirecto**.

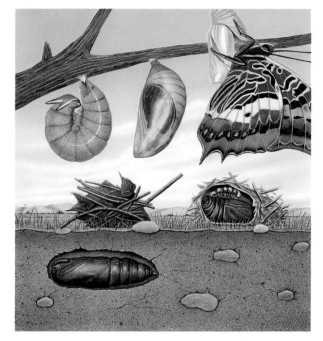

Las mariposas (izquierda) tienen desarrollo indirecto. Los mamíferos, como los delfines (derecha), tienen desarrollo directo.

→ Aunque por norma general todos los vertebrados tienen desarrollo directo, existen algunas excepciones, como las ranas en que las crías son diferentes a los adultos cuando eclosionan del huevo. Sin embargo, no pasan por una metamorfosis tan completa como los insectos.

PERÍODO DE GESTACIÓN

Entre la **fecundación** y la eclosión o nacimiento transcurre un período de tiempo que es más o menos largo en función de la especie. Generalmente, cuanto más grande es un animal más tarda en desarrollarse y, por tanto, más largo es el período de gestación.

LOS MARSUPIALES

Este grupo animal son un caso especial. Comienzan la gestación en el interior del útero materno, como en todos los mamíferos, pero en poco tiempo, cuando el feto está todavía muy poco desarrollado, sale al exterior, se arrastra sobre el cuerpo de la madre y se introduce en una especie de bolsa abdominal denominada **marsupio**. Aquí es donde completa su desarrollo. Durante el tiempo que permanece en el marsupio se alimenta de leche proporcionada por la madre a través de unas glándulas especiales.

Los marsupiales son los mamíferos más primitivos. Aquí, una canguro con su cría en el marsupio.

DURACIÓN DE LA INCUBACIÓN O LA GESTACIÓN

Especie	Gestación o incubación
ganso	1 mes
castor	40-70 días
salmón	2-3 meses
oso polar	8 meses

CLASIFICAR Y ORDENAR LOS SERES VIVOS

En la Tierra existen multitud de ambientes diferentes, lo que provoca que exista una gran variedad de animales, plantas, hongos y microorganismos, con características propias que les permiten vivir en cada uno de esos ambientes. Para entender la naturaleza es importante conocer a sus pobladores, por lo que los científicos han desarrollado sistemas para clasificar los organismos.

TAXONOMÍA: LA CIENCIA DE LA CLASIFICACIÓN

En la antigüedad, los organismos se clasificaban atendiendo únicamente a sus similitudes y diferencias, pero se ha visto que así se producían errores graves, ya que se juntaban en el mismo grupo seres que externamente eran muy parecidos pero que presentaban grandes diferencias en su interior (por ejemplo, se creía que los **hongos** eran una especie de **plantas**). En la actualidad, la principal característica en que se basa la clasificación de los seres vivos es su grado de **parentesco**.

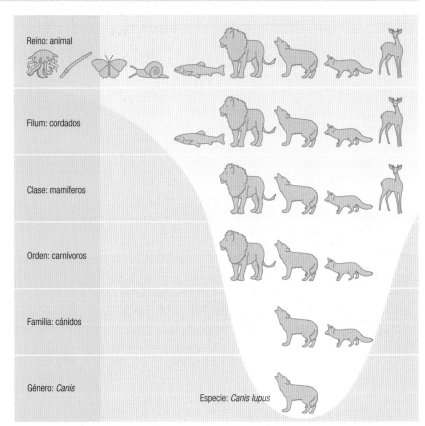

Reino: animal

Filum: cordados

Clase: mamíferos

Orden: carnívoros

Familia: cánidos

Género: *Canis*

Especie: *Canis lupus*

→ Muchos científicos agrupan a los organismos eucariotas que no pasan del nivel de organización celular en un gran grupo denominado **protistas**. Incluyen los protozoos, las algas unicelulares y los hongos unicelulares.

CLASIFICACIÓN DE LOS ORGANISMOS EN CINCO REINOS

Reino	Organización	Núcleo	Nutrición
Monera	unicelular	procariótico	autótrofa o heterótrofa
Protista	unicelular	eucariótico	autótrofa o heterótrofa
Hongos	unicelular y pluricelular	eucariótico	heterótrofa
Plantas	pluricelular	eucariótico	autótrofa
Animales	pluricelular	eucariótico	heterótrofa

→ Aunque a primera vista un delfín se parezca más a un atún que a un camello, en realidad está más emparentado con el segundo, ya que ambos comparten la característica de amamantar a las crías. Los dos son mamíferos aunque vivan en medios diferentes.

HOMOLOGÍA Y ANALOGÍA

El aspecto externo de un animal puede confundir al observador ya que la presión del ambiente puede hacer que dos animales de diferentes grupos puedan parecerse mucho. Las estructuras **homólogas** son aquellas que tienen la misma base anatómica pero cuyo aspecto externo es muy distinto, como el ala de un ave y la pata delantera de un topo. Las estructuras **análogas** son todo lo contrario, tienen la misma función pero anatómicamente son estructuras muy distintas, como el ala de un ave y la de un insecto.

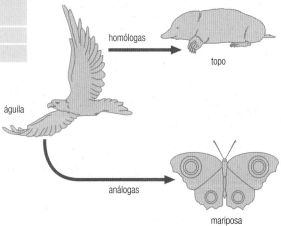

homólogas

topo

águila

análogas

mariposa

SISTEMA BINOMIAL

Todas las especies de seres vivos pueden identificarse con un nombre científico, en latín, que está formado por dos palabras (**nomenclatura binomial**). La primera, el género al que pertenece y la segunda, la especie en concreto. Este nombre científico lo inventó el naturalista Lineé o **Linneo** para que no se confundieran las especies debido a diferencias idiomáticas. Este nombre lo utilizan los científicos de todos los países. El nombre común es el que utiliza la gente en el lenguaje corriente, pero que es distinto en cada país. Así, el nombre científico de *Canis lupus* corresponde a "lobo" en español, "wolf" en inglés o "loup" en francés.

Haya *(Fagus sylvatica).*

Oso pardo *(Ursus arctos).*

Caballito de mar
(Hippocampus guttulatus).

Caracol común
(Helix aspersa).

Para identificar a los seres vivos también se tiene en cuenta el comportamiento. Por ejemplo, los ornitólogos suelen utilizar el canto o la forma de volar para reconocer a las distintas especies de aves.

DIFICULTADES DE LA CLASIFICACIÓN

Clasificar los seres vivos es una tarea muy difícil, ya que las fronteras entre unos y otros grupos no están del todo claro en algunos casos. Por ejemplo, los **protozoos** son organismos con características de funcionamiento como los animales pero cuyo cuerpo está formado por una sola célula, por lo que no se pueden incluir en el reino animal que comprende por definición organismos pluricelulares. Otro caso lo encontramos en los **hongos**, cuyo aspecto general recuerda en gran medida al de un vegetal y, sin embargo, tienen una manera de alimentarse tan diferente (son heterótrofos mientras que las plantas son autótrofas) que no sería correcto situarlos en el mismo grupo. Ejemplos de este estilo, de animales de características intermedias entre dos grupos, son muy frecuentes.

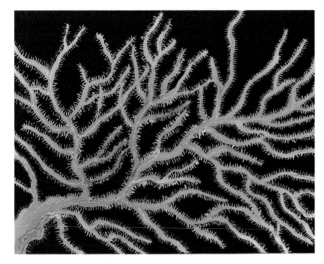

Una rama de coral parece un único individuo por sí mismo, pero si nos acercamos lo suficiente podemos comprobar que en realidad es un gran esqueleto calcáreo sobre el que viven multitud de pequeños pólipos.

LOS MICROORGANISMOS

Como su nombre indica, se trata de organismos de dimensiones extremadamente reducidas, hasta el punto de que en la mayoría de casos son imposibles de ver a simple vista y se requiere la ayuda de una lupa o un microscopio. Están presentes en todas partes, pudiendo faltar únicamente en lugares de condiciones ambientales muy extremas y lugares desinfectados y esterilizados.

TIPOS DE MICROORGANISMOS

Existen multitud de microorganismos diferentes, sin embargo la mayoría tiene el cuerpo formado por una única célula. Las bacterias y las cianofíceas se caracterizan por ser **procariotas**, es decir, que su material genético (ADN) flota libremente por el citoplasma. El resto de los seres vivos, incluidos muchos microorganismos, son **eucariotas**, esto es, tienen el ADN situado dentro de un compartimiento celular denominado **núcleo**, que está separado del protoplasma mediante una membrana celular.

GRUPOS DE MICROORGANISMOS

Grupo	Núcleo celular	Alimentación
Bacterias	procariótico	heterótrofa o autótrofa
Hongos unicelulares	eucariótico	heterótrofa
Algas unicelulares	eucariótico	autótrofa
Protozoos	eucariótico	heterótrofa

Los virus son organismos que se encuentran al límite entre la vida y lo inerte, ya que no pueden realizar por sí mismos las funciones vitales. No comen, no se relacionan, no se mueven. Sólo se reproducen y para ello es absolutamente necesario introducirse en una célula viva y utilizar sus mecanismos de reproducción.

EJEMPLOS DE MICROORGANISMOS

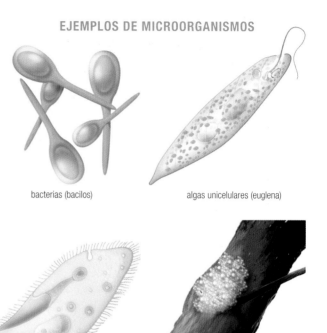

bacterias (bacilos)

algas unicelulares (euglena)

protozoos (paramecio)

hongos mucilaginosos

BENEFICIOS DE LOS MICROORGANISMOS

Muchos microorganismos son muy importantes para los **ecosistemas** y sin ellos sería imposible que la naturaleza funcionara correctamente. Por ejemplo, en los ecosistemas marinos suelen ser los microorganismos los que se encuentran en la base de las **pirámides ecológicas**. En primer lugar, las algas unicelulares se alimentan de las moléculas nutritivas que hay en el agua. A continuación los protozoos se alimentan de estas bacterias y a su vez sirven de alimento para multitud de pequeños invertebrados. Estos invertebrados serán la dieta de multitud de aves, anfibios y peces. Por tanto, si no existieran los microorganismos, no existirían el resto de los animales.

CICLO DEL NITRÓGENO

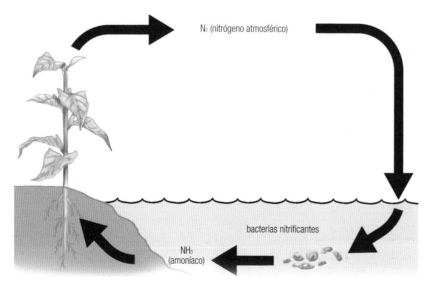

N₂ (nitrógeno atmosférico)

bacterias nitrificantes

NH₃ (amoníaco)

El nitrógeno es un elemento indispensable para los seres vivos, ya que con él se forman las proteínas. Sólo las bacterias nitrificantes son capaces de fijar el nitrógeno atmosférico para que puedan utilizarlo las plantas.

Introducción

La vida

Vida en
la Tierra

La base
de la vida

Bioquímica

Evolución
y genética

Herencia
y genética

Funciones de
los seres vivos

Cómo
funcionan los
seres vivos

Relaciones
con el exterior

Reproducción
y desarrollo

**Clasificación
de los seres
vivos**

El mundo
vegetal

El mundo
animal

El mundo
viviente

Índice
alfabético
de materias

MICROORGANISMOS QUE CAUSAN ENFERMEDADES

Muchas enfermedades están causadas por microorganismos parásitos, que de un modo u otro se introducen en el cuerpo y provocan trastornos. El modo de penetración al organismo es diverso, con el aire al respirar, en el agua o la comida, a través de la piel, mediante algún otro animal (por ejemplo los mosquitos o las garrapatas, con sus picadas pueden introducir microorganismos patógenos), etc.

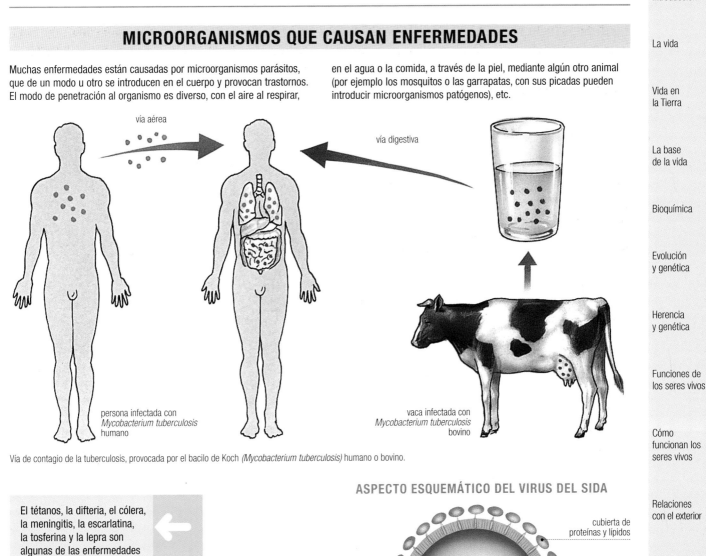

persona infectada con
Mycobacterium tuberculosis
humano

vía aérea

vía digestiva

vaca infectada con
Mycobacterium tuberculosis
bovino

Vía de contagio de la tuberculosis, provocada por el bacilo de Koch *(Mycobacterium tuberculosis)* humano o bovino.

El tétanos, la difteria, el cólera, la meningitis, la escarlatina, la tosferina y la lepra son algunas de las enfermedades infecciosas más graves.

ESTERILIZACIÓN

Es un método que sirve para eliminar todos los microorganismos que pudieran haber en un instrumento o un objeto. Los cirujanos, dentistas y médicos en general deben esterilizar sus instrumentos antes de utilizarlos para no infectar al paciente con microbios que pudieran estar en ellos y causar así una infección.

Existen varios métodos, siendo el más conocido el calor. Los microbios no suelen resistir una temperatura superior a los 100 ºC, por lo que al hervir los objetos o al introducirlos en un horno caliente se los mata. Otro modo es la utilización de alcohol u otros productos químicos, como el cloro, que son tóxicos para ellos.

El cuerpo de muchos seres vivos se encuentra protegido por una cubierta externa, la corteza, en el caso de los árboles, y la piel, en el de los animales. Cuando esta cubierta se rompe es muy fácil que puedan penetrar microorganismos por la herida y que causen una infección.

ASPECTO ESQUEMÁTICO DEL VIRUS DEL SIDA

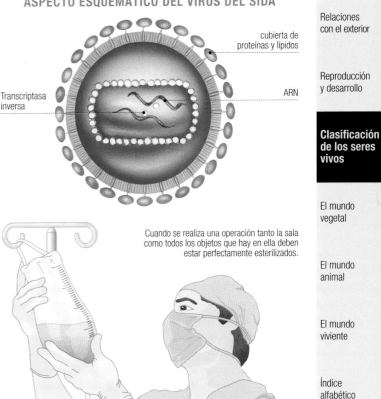

cubierta de
proteínas y lípidos

ARN

Transcriptasa
inversa

Cuando se realiza una operación tanto la sala como todos los objetos que hay en ella deben estar perfectamente esterilizados.

EL MUNDO VEGETAL

Se agrupan como vegetales multitud de organismos muy diversos, pero la mayoría presenta unas características bastante fáciles de reconocer a simple vista: son verdes, o al menos alguna parte de su cuerpo, y viven inmóviles, sujetos al substrato con ayuda de las raíces. Los vegetales son autótrofos gracias a la fotosíntesis y, además, sus células presentan cloroplastos y una pared celular dura hecha de celulosa.

ORGANISMOS TODOTERRENO

Efectivamente, pueden encontrarse vegetales en casi todos los lugares de la Tierra, desde el fondo de los mares hasta las montañas más altas. El principal factor limitante para su desarrollo es la ausencia de **luz**, por lo que nunca los encontraremos en el interior de las **cuevas** oscuras o en las grandes profundidades de los océanos donde no llegan los rayos de luz. Ello es debido a que necesitan la luz para poder vivir, ya que es su fuente de energía. Otro factor muy importante en su crecimiento es el **agua**, creciendo de forma exuberante en lugares húmedos y de forma pobre en ios áridos. La **temperatura** también influye, las temperaturas extremas frías no permiten su crecimiento o lo hacen muy lento, por lo que no hay vegetación en las zonas de glaciares o de nieves perpetuas.

En la actualidad, la contaminación también afecta a la aparición de los vegetales, siendo la lluvia ácida el principal elemento que afecta y destruye los bosques.

INDISPENSABLES PARA LA VIDA

Hace aproximadamente unos dos mil millones de años la Tierra era un planeta muy distinto al que es en la actualidad. Su **atmósfera** era irrespirable, pues el porcentaje de oxígeno era muy pequeño. En ese momento aparecieron los primeros seres capaces de realizar la fotosíntesis: las algas **cianofíceas**. Gracias a su continuo trabajo de captar CO_2 y expulsar O_2 (reacción de la **fotosíntesis**) con los años fueron capaces de cambiar la composición de la atmósfera, llegando hasta el 21 % del oxígeno actual. Ello permitió el desarrollo de los restantes seres que actualmente pueblan el globo y que necesitan respirar oxígeno para vivir.

Las plantas siguen siendo hoy la fuente de oxígeno de la atmósfera. De hecho, a la selva del Amazonas se le denomina pulmón del planeta, ya que es una inmensa extensión vegetal que depura el CO_2 y genera O_2.

La Tierra hace más de dos mil millones de años (a la izquierda): en la atmósfera sin oxígeno sólo podían vivir algunas bacterias. Hoy (a la derecha), la atmósfera permite vivir a infinidad de animales.

O_2

CO_2

TIPOS DE PLANTAS

Dentro del mundo vegetal se incluye una gran variedad de seres. Las **algas** son aquellas plantas que habitan en los ecosistemas acuáticos y cuya estructura es sencilla, pocas veces con tejidos bien definidos. Los **musgos** son plantas que viven en lugares muy húmedos y presentan una estructura más compleja que las algas pero sin tejidos conductores. Los **helechos** son terrestres aunque siguen necesitando una humedad muy elevada para poder reproducirse con éxito. Presentan ya tejidos conductores. Por último, las **plantas superiores** (árboles y hierbas) que son las que han conseguido colonizar por completo los ecosistemas terrestres, pudiendo vivir en lugares realmente áridos como son algunos desiertos africanos; tienen tejidos conductores muy especializados.

Los hongos no son vegetales, ya que son heterótrofos; sin embargo, su apariencia hizo que durante muchos años se creyera que lo eran. Por ello, en muchos libros de botánica se les sigue estudiando.

Los helechos poseen en sus raíces unos haces conductores simples que absorben la humedad.

Los musgos son plantas pequeñas que crecen formando una capa verde sobre el suelo, las rocas y el tronco de los árboles.

De entre la gran variedad de árboles, llama la atención el baobab, un árbol de la sabana africana de crecimiento muy lento y que florece cada siete años.

Las flores no son sino el conjunto de órganos reproductores de las plantas. Su forma, color y perfume logran atraer a los insectos para asegurar su fecundación.

Las angiospermas se dividen en **dicotiledóneas**, con dos hojas germinales en la semilla, y **monocotiledóneas**, con sólo una hoja germinal.

GIMNOSPERMAS Y ANGIOSPERMAS

Las plantas superiores se dividen en dos grandes grupos: las gimnospermas y las angiospermas. Las **gimnospermas** se caracterizan porque sus semillas aparecen desnudas o sólo protegidas mediante escamas (formando los conos, o **piñas**) y no producen flores. La mayoría son árboles como los pinos o los abetos. Las **angiospermas** tienen sus semillas en el interior de un **fruto** que las protege y que se produce a partir del desarrollo de la **flor** después de la fecundación. Son las plantas más abundantes y hay muchos tipos diferentes: árboles, arbustos y hierbas.

EL MUNDO ANIMAL (INVERTEBRADOS)

Los animales son organismos unicelulares o pluricelulares y heterótrofos, con células que no presentan pared celular. Se pueden dividir en dos grandes grupos: el de los **invertebrados**, sin esqueleto interno, y el de los **vertebrados**, con esqueleto interno. En este capítulo veremos los invertebrados, que son extraordinariamente numerosos y diversos y se encuentran en todo el planeta.

LOS INVERTEBRADOS DEL ECOSISTEMA MARINO

Los mares y océanos son ecosistemas con una extraordinaria riqueza de invertebrados, viviendo en ellos los más grandes y los más vistosos. Algunos de los grupos más comunes son: las esponjas, los corales, las medusas, las caracolas, los bivalvos (almejas, etc.), los pulpos y calamares y los crustáceos.

Invertebrados del
ecosistema marino.

Los invertebrados marinos son esenciales en las cadenas tróficas y sirven de presa a numerosos peces, aves y mamíferos como las ballenas, que se alimentan de minúsculos crustáceos que forman el plancton.

INVERTEBRADOS DE AGUA DULCE

En los ríos y lagos de todo el mundo también existe una gran abundancia de invertebrados. En los fondos viven gusanos que se alimentan de la materia orgánica que se acumula sobre el suelo. En la columna de agua viven multitud de crustáceos microscópicos así como larvas de insectos terrestres, sin embargo este tipo de animales sólo se encuentra en las zonas de corriente lenta. Además, en las aguas dulces algunos invertebrados viven justo en la superficie del agua. Esto no ocurre en los ecosistemas marinos.

Invertebrados
de agua dulce.

Los insectos son una clase de los artrópodos y se cree que el número de especies supera el millón. Algunos insectos son útiles, ya que son productores (como la abeja o el gusano de seda), polinizadores o purificadores; en cambio, otros muchos son nocivos, ya que destruyen cosechas, corroen la madera o transmiten enfermedades al hombre.

La contaminación es uno de los problemas más graves de los ecosistemas de agua dulce y uno de sus principales indicadores es la falta de invertebrados.

LOS INVERTEBRADOS TERRESTRES

En tierra firme los invertebrados que han conseguido un mayor éxito de adaptación son los **insectos**, los **arácnidos** y los **miriápodos** (ciempiés y milpiés). Algunos de ellos son capaces incluso de vivir en los desiertos más cálidos, como el del Sahara. Estos invertebrados respiran mediante una serie de tubos que penetran en el cuerpo, llamadas tráqueas, y que hacen llegar el oxígeno del aire hasta los tejidos más internos. También hay **moluscos**, como los caracoles y las babosas.

Invertebrados terrestres.

Sólo un pequeño grupo de **crustáceos**, los isópodos, han conseguido colonizar el medio terrestre, aunque viven en lugares de humedades elevadas.

Los insectos desempeñan en tierra firme el mismo papel ecológico que los crustáceos en el medio marino.

EL MUNDO SUBTERRÁNEO

Si con una pala removemos una porción de suelo, encontraremos seguramente un gran número de invertebrados. Generalmente son animales sin una cutícula resistente a la desecación como los **gusanos** que sólo salen al exterior cuando ha llovido y hay una gran humedad ambiental.

En el interior de las cuevas y en las ranuras de las rocas también encontramos invertebrados, generalmente de coloraciones claras. Por lo general, los invertebrados del mundo subterráneo tienen los ojos atrofiados debido a que en un medio tan oscuro no pueden utilizarlos.

Existen numerosos invertebrados parásitos, tanto internos (lombrices, etc.) como externos (pulgas, garrapatas) que además de los daños causados pueden transmitir enfermedades.

En el suelo también vive un gran número de insectos, como las hormigas que construyen un laberinto de galerías en las que forman grandes colonias.

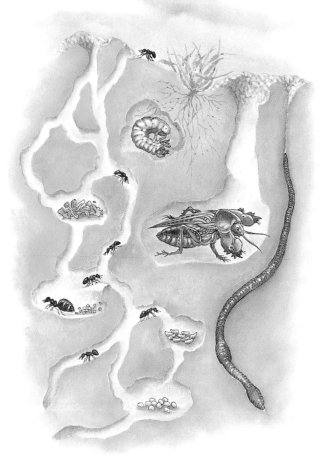

Invertebrados que habitan el subsuelo.

EL MUNDO ANIMAL (VERTEBRADOS)

Los animales vertebrados poseen un esqueleto interno que sirve de punto de apoyo a sus músculos para poder realizar los movimientos del cuerpo. Además, ayuda a vencer la fuerza de la gravedad, lo que les permite alcanzar grandes tamaños. Por otro lado, los vertebrados presentan sistemas nerviosos más complejos, con la existencia de un gran cerebro que hace posible que su conducta sea mucho más elaborada.

Este pez de aguas abiertas tiene su parte inferior clara para así no ser detectado por sus depredadores que viven en capas más profundas, y el dorso oscuro para no ser detectado desde arriba.

La forma del cuerpo de los peces puede indicarnos dónde viven: si es muy alargada, son de aguas abiertas; los que viven en los fondos tienen el cuerpo aplanado dorsoventralmente y los que viven en las rocas y arrecifes de coral tienen el cuerpo aplanado lateralmente.

PECES

Son el grupo más primitivo de los vertebrados y a partir de ellos evolucionaron el resto de grupos. Viven en mares y ríos y respiran mediante **branquias**, con las que absorben el oxígeno del agua. Se mueven en este medio líquido gracias a los movimientos del cuerpo, que les propulsan, y a los de las **aletas**, que contribuyen además a cambiar de dirección. Todos son de **sangre fría** (no regulan la temperatura corporal), tienen la piel cubierta de **escamas** y la mayoría son **ovíparos**. Hay dos grandes grupos: los de esqueleto **cartilaginoso**, que incluye a rayas y tiburones, y los de esqueleto **óseo**, que incluye a todos los restantes (sardinas, atunes, truchas, etc.).

También los peces pueden adoptar formas y colores parecidos al medio donde se encuentran para pasar inadvertidos a sus depredadores.

ANFIBIOS

Son animales que evolucionaron a partir de los peces y consiguieron colonizar el medio terrestre, sin embargo aún conservan ciertas características que no les permiten alejarse demasiado del medio acuático. Su **piel** es muy fina y permeable, por lo que producen una especie de mucus que ayuda a protegerla y mantenerla húmeda, aunque no es suficiente y deben mojarse de vez en cuando. Además, la **reproducción** de este grupo debe realizarse necesariamente dentro del agua, donde ponen huevos, pues son **ovíparos**. Las crías tienen **branquias** pues pasan parte de su vida en el agua. Al cabo de un tiempo sufrirán una serie de transformaciones (**metamorfosis**) que harán desaparecer las branquias y comenzarán entonces a utilizar los pulmones, convirtiéndose en adultos.

Algunos anfibios secretan sustancias en su piel que es tóxica y que sirve para evitar ser devorados por los depredadores.

La palabra anfibio proviene del griego *anfi* (que significa "a ambos lados") y *bios* (que significa "vida" o "vivir"). Así, los animales anfibios pueden vivir a ambos lados, esto es, en tierra y el agua.

REPTILES Y AVES

Son animales perfectamente adaptados a la vida terrestre, aunque algunos han vuelto al mar o al agua dulce para vivir. Los reptiles presentan el cuerpo rodeado por una **piel** que contiene unas escamas **córneas** muy duras que impiden la desecación. Las aves, que en realidad son un grupo de reptiles, han cambiado sus escamas por **plumas**.

Ambos grupos son **ovíparos**, aunque por lo general los reptiles abandonan los huevos a su propia suerte, mientras que las aves, más evolucionadas, los incuban y se encargan después del cuidado de los polluelos.

Otra característica común es la presencia de una **cloaca**, cavidad común para el sistema excretor y reproductor y que se abre al exterior.

La principal diferencia entre ellos es que los reptiles son **poiquilotermos** (de sangre fría), mientras que las aves son **homeotermas** (de sangre caliente).

Las serpientes son reptiles que han perdido las patas. Se desplazan mediante movimientos ondulantes del cuerpo y con ayuda de algunas escamas.

Los dinosaurios han sido los seres vivientes más grandes que han existido en nuestro planeta. Eran reptiles de tamaños y formas muy diferentes: terrestres, voladores y marinos.

Una de las grandes diferencias entre los reptiles (arriba, una iguana) y las aves (sobre estas líneas, cigüeñas) es que el cuerpo de los primeros está recubierto de escamas córneas y el de las segundas, de plumas.

MAMÍFEROS

Son los más evolucionados de los vertebrados. Sus características principales son tener el cuerpo recubierto de **pelo**, ser de sangre caliente (**homeotermos**) y parir vivas a sus crías (son **vivíparos**), a las que alimentan con **leche**, un producto nutritivo producido por unas glándulas especiales de las hembras, las **mamas**.

Son animales **tetrápodos**, es decir, con cuatro extremidades, aunque en algunos casos las han perdido más tarde. La mayoría viven en tierra firme, pero unos pocos se han adaptado de nuevo al agua (ballenas, delfines, etc.) y otros han adquirido la capacidad de volar (murciélagos).

El murciélago es uno de los raros casos de mamífero capaz de volar.

Los leones son mamíferos carnívoros, lo que quiere decir que se alimentan básicamente de carne.

Los ciervos son mamíferos herbívoros, esto es, que sólo comen hierba principalmente.

Existe un pequeño grupo de mamíferos que aún pone huevos, los monotremas (ornitorrincos y equidnas). Sin embargo, cuando han salido del huevo las crías son amamantadas por la madre.

La ballena blanca, o beluga, es un mamífero adaptado al agua.

PRESAS Y CAZADORES

En la naturaleza existen numerosas interacciones entre los individuos de diferentes especies animales que comparten un mismo territorio. Una de las más importantes es la que se establece entre los depredadores y sus presas, ya que es una de las principales formas de controlar el equilibrio del ecosistema.

Si no existieran los depredadores, las presas aumentarían de tal forma sus poblaciones que rápidamente acabarían con la comida disponible y morirían de hambre.

La evolución de los depredadores va paralela a la de sus presas. Éstas encuentran nuevos modos de evitarles, lo que obliga al depredador a adquirir una nueva capacidad.

¿QUIÉNES SON LAS PRESAS?

Son los animales capturados por otros con el fin de servirles de **alimento**. Generalmente son animales **herbívoros** que se encuentran en la base de las **pirámides ecológicas**. Como el resto de los animales, han desarrollado características para poder huir de sus enemigos, pero cuando caen enfermos, envejecen o son muy jóvenes, no están en sus plenas facultades, con lo cual se hacen más vulnerables. Lo normal es que los depredadores gasten el mínimo de **energía** en capturar a sus presas y, por eso, siempre prefieren a estos animales que ofrecerán menos resistencia que un adulto en plenas facultades.

Algunas grandes serpientes utilizan su fuerza para asfixiar a sus víctimas antes de devorarlas.

LOS CAZADORES

Son los animales que capturan a otros para alimentarse de ellos. Necesariamente son **carnívoros** y se encuentran en la parte superior de la **pirámide ecológica**. Sus poblaciones son menos numerosas que las de los herbívoros y suelen ser **territoriales**, marcando unas señales en el terreno que indican al resto de sus congéneres que no han de entrar en él para cazar, pues de lo contrario se exponen a una pelea. Suelen tener estructuras apropiadas para poder capturar a sus presas (garras, picos curvos, aguijones, mandíbulas, etc.). Algunos se han especializado modificando mucho su anatomía, como los osos hormigueros, que presentan un largo hocico en forma de tubo para poder introducirlo en los hormigueros y capturar a las hormigas.

Los animales carroñeros también son carnívoros, pero no cazan a sus presas sino que aprovechan los restos que dejan los depredadores cuando han acabado de comer.

A diferencia de como lo hacemos a veces los humanos, los animales nunca cazan más presas de las que precisan, ya que de lo contrario correrían el riesgo de aniquilar una especie que les sirve de alimento.

El águila, un ave carnicera, posee una vista excepcional y desde las alturas se lanza en silencio sobre sus presas.

DEFENSA FRENTE A LOS DEPREDADORES

La mayoría de los animales huyen de sus depredadores o intentan esconderse en el interior de su madriguera o nido. Sin embargo, otros permanecen completamente inmóviles de manera que pasan desapercibidos para los cazadores. Esta técnica es la que utilizan las crías de ciervo nada más nacer. El **colorido corporal** es otra de las características más utilizadas para evitar a los enemigos. A veces es críptico (**camuflaje**), es decir, que se confunde con el medio. Un ejemplo lo encontramos en los lenguados, que apenas pueden diferenciarse del fondo marino, o en los insectos hoja, que parecen una planta. Otras veces es muy vistosa, formada por colores de aviso (normalmente amarillo y negro o rojo y negro) que indican que son venenosos. Algunos animales se aprovechan de estas señales y aún no siendo venenosos se visten de estos colores para hacer creer a los posibles depredadores que sí lo son y hacerles desistir. Es lo que hacen muchas serpientes.

Algunos animales llegan a especializarse en el tipo de presas, como el secretario, cuyo objetivo son los reptiles, por lo que recibe también el nombre de "serpentario".

La nutria es un carnívoro nadador, que vive en las orillas de los ríos o lagos, y se alimenta principalmente de los peces que caza en el agua.

Los caparazones y las envolturas de púas, como en las tortugas o puercoespines y erizos, son otra manera de defenderse contra los enemigos.

TÉCNICAS DE CAZA

Al igual que las presas han ido adquiriendo características cada vez más apropiadas para huir de sus depredadores, éstos también han tenido que perfeccionar sus técnicas de caza para poder sobrevivir. Algunos, como el guepardo, han conseguido llegar a correr a velocidades realmente extraordinarias, aunque lo más normal es que se escondan entre la vegetación y vayan acercándose muy sigilosamente a la presa para poder capturarla de un salto sin gastar demasiada energía en el intento (**caza al acecho**). Otros animales, como los leones o los lobos, han aprendido a cazar en grupo, cooperando entre ellos para abatir una presa que probablemente no podrían cazas por sí solos. Los búhos, los erizos y otros animales nocturnos se guían principalmente por el oído y el olfato.

Los sapos y las ranas atrapan a los insectos lanzando contra ellos su pegajosa lengua.

A pesar de que un ñu es más corpulento que una leona, ésta dispone de mejores armas, como son la astucia, la velocidad, las garras y las mandíbulas.

Muchas aves insectívoras, como las golondrinas o los aviones, capturan a sus presas volando con el pico abierto y utilizándolo como si fuera un embudo.

LOS ECOSISTEMAS

Un ecosistema es el conjunto formado por un biótopo (substrato más las condiciones fisicoquímicas) y de una biocenosis (seres vivos que habitan en él). Los seres vivos de un ecosistema se relacionan entre ellos y con el biótopo. Las condiciones del biótopo son decisivas para el modo de vida que pueden llevar los organismos que lo habitan.

UNA GRAN DIVERSIDAD

En el ecosistema influyen, en mayor o menor grado, el tipo de suelo, la altitud y la orientación respecto del sol, el clima, las especies vegetales y animales que lo pueblan, etc.

Existen innumerables ejemplos de **ecosistemas**, ya que se puede denominar ecosistema tanto al conjunto entero del planeta Tierra como a un tipo de paisaje, por ejemplo un desierto, el mar o una simple charca que se forma tras una lluvia y que durará tan sólo unas horas. Además, en nuestro planeta existe una gran variedad de **biótopos**: zonas de rocas o de arena, aguas dulces o saladas, superficies heladas, etc. Cada uno de estos lugares lo **coloniza** un tipo de seres vivos que a su vez irá evolucionando para estar cada vez más adaptado a este medio. Esta gran diversidad, tanto de entornos como de seres vivos, hace que prácticamente no exista ningún ecosistema igual que otro.

El estudio de los ecosistemas es muy complicado pues se han de tener en cuenta numerosos factores. Por ejemplo, al estudiar un bosque hay que tener en cuenta que parte de la materia orgánica (hojas, troncos, etc.) generada puede ir con el agua de los ríos hasta el mar (otro ecosistema).

Cada ecosistema tiene sus propias características. Desde la Tierra, que es un ecosistema global, hasta la rama de un árbol, que constituye un miniecosistema.

LAS SUCESIONES ECOLÓGICAS

Cuando un lugar queda completamente desolado por algún tipo de catástrofe natural, por ejemplo la erupción de un volcán cuya lava quema y tapa todo lo que hay a su paso, queda un **biótopo** completamente inerte. Entonces empieza el proceso de colonización de ese territorio. Primero se instalarán especies pioneras, que son muy poco exigentes con las condiciones, por ejemplo sobre la roca volcánica crecerán **líquenes**, que con sólo una pequeña cantidad de humedad pueden empezar a crecer. Estos líquenes ayudarán a erosionar ligeramente la roca de manera que permitirán que algunas **plantas** puedan comenzar a echar sus raíces. Estas raíces unidas a la erosión del agua de la lluvia o del viento irán formando una pequeña capa de **suelo** sobre la que se pueden instalar plantas superiores, como **arbustos** o **árboles**. Con el tiempo, seguramente acabará por formarse un **bosque** allí donde inicialmente sólo había roca desnuda.

El proceso de colonización del suelo.

A medida que el terreno va cubriéndose de vegetación va formando espacios en los que pueden vivir animales, ya que en ella encuentran cobijo y alimento.

Las talas indiscriminadas y los incendios intencionados son auténticas catástrofes, ya que los bosques quemados no pueden cumplir con su función de renovadores del aire y el ecosistema se vuelve inhóspito.

HÁBITAT Y NICHO

Son dos conceptos muy importantes en ecología. El **hábitat** es el conjunto de **biótopos** en los que puede vivir una determinada especie vegetal o animal. Por ejemplo, el hábitat de las focas es el medio marino. **Nicho** es la parte del hábitat donde realmente vive el organismo y los recursos que aprovecha de ese hábitat, por ejemplo en el caso de la foca el nicho son las aguas frías polares y sus alrededores y se ha especializado en capturar a animales de mediano tamaño para alimentarse. En esas aguas también viven estrellas de mar, pero lo hacen sobre el fondo depredando animales también del fondo o aprovechando los restos de cadáveres que llegan hasta allí. Por lo tanto, las focas y las estrellas de mar viven en el mismo hábitat, pero ocupan diferentes nichos.

Muchos animales ocupan el mismo nicho pero en ecosistemas separados; por ejemplo, en una sabana los depredadores son leones o guepardos, mientras que en un bosque septentrional son lobos y zorros.

Las focas y las estrellas de mar comparten el mismo hábitat, pero no el mismo nicho.

Cada ecosistema tiene su propio equilibrio. Si unos depredadores (como podrían ser los búhos) son exterminados por el hombre, sus presas (como podrían ser los ratones de campo) se multiplicarían en exceso y arruinarían plantas y cosechas y pronto, a su vez, perecerían por falta de alimento.

UN EQUILIBRIO MUY FRÁGIL

Todos los ecosistemas necesitan que haya un equilibrio entre la energía y la materia que entra y sale del ecosistema, de lo contrario acaban degradándose. Para que este equilibrio prevalezca, todas las piezas del juego deben moverse correctamente. En el caso de la naturaleza las piezas serían los seres vivos, y la falta de alguna especie puede repercutir muy negativamente sobre las demás y acabar desequilibrando el sistema.

La **ecología** es la ciencia que estudia los ecosistemas, el medio, los seres vivos que lo habitan y las relaciones que se producen entre ellos.

Si se eliminan los depredadores de un ecosistema proliferan desmesuradamente los herbívoros, que acaban por devorar todas las plantas.

EL HOMBRE Y LA VIDA

En un principio el hombre era un animal más de la naturaleza y como tal dependía por completo de lo que ésta le podía ofrecer. Con la evolución fue haciéndose inteligente y aprendió a dominarla. Poco a poco el hombre con sus acciones ha ido modificando los ecosistemas, y actualmente éstos dependen tanto del hombre como éste de ellos.

LA EVOLUCIÓN, ¿HASTA DÓNDE LLEGARÁ?

El planeta **Tierra** y toda su naturaleza han ido evolucionando de modo que en la actualidad en nada se parece a lo que había en un principio. Sin embargo, esta **evolución** ha sido lenta, siguiendo un ritmo propio hasta que el hombre, hace tan sólo 100.000 años empezó a ser inteligente. Desde entonces, debido a las modificaciones que ha provocado en los ecosistemas, la naturaleza ha cambiado mucho. El problema es que los cambios provocados han sido tan rápidos que no han dado tiempo a muchos animales y plantas a adaptarse a las nuevas condiciones y numerosas **especies** han acabado por desaparecer. Desde hace algunas décadas muchas personas han comenzado a ser conscientes del problema, y se está intentando corregir los errores. Sin embargo, a menudo es difícil pues lo que debería corregirse es el estilo de vida moderno que esquilma la naturaleza.

El lugar donde se asienta la ciudad estadounidense de Seattle estaba constituido hace unos pocos siglos por hermosas colinas arboladas. Para poder construir la ciudad, esas colinas fueron taladas y rebajadas de nivel.

Este paisaje (Montañas Rocosas, en Canadá) sigue siendo el mismo de los últimos millones de años.

El futuro del planeta está en nuestras manos. ←

EL CAMBIO CLIMÁTICO

Uno de los efectos de la intervención humana en la naturaleza que con mayor intensidad puede afectar a la vida en el planeta es el de modificación de las condiciones climáticas generales, es decir, el **cambio climático**.

Ya se han observado alteraciones importantes, como un calentamiento general del planeta en un par de grados en el curso de un siglo, una mayor frecuencia de catástrofes naturales como son **inundaciones**, **huracanes**, etc. Sin embargo, ya que el período estudiado es muy breve en comparación con la edad de la Tierra, no se sabe todavía si se trata de un ciclo natural o si realmente se debe a la intervención humana. En cualquier caso, la **contaminación** causante de esos cambios resulta perjudicial por sí sola, por lo que es más sensato evitar un posible cambio en nuestro clima.

El cambio climático está provocando graves catástrofes: persistente sequía en unas zonas, lluvias torrenciales en otras, huracanes en nuevos lugares...

LA OCUPACIÓN DEL TERRITORIO

En los últimos cien años, el ser humano ha construido tanto como en los miles de años anteriores juntos, y las ciudades, las carreteras, las presas, las canalizaciones y muchas obras públicas han invadido el suelo, con la consiguiente modificación del paisaje, la desaparición de masa vegetal y la huida o extinción de muchos animales. Aunque esta invasión fuera necesaria, casi nunca ha sido respetuosa con el medio. Si no se toma conciencia de los peligros de la urbanización salvaje, quizás en muy pocas décadas el daño producido a la vida en la Tierra, y al propio ser humano, sea irremediable.

LOS COMBUSTIBLES FÓSILES

Durante millones de años se han formado exuberantes bosques que absorbían CO_2 de la atmósfera y lo incorporaban a la materia orgánica vegetal. Esta reacción iba acompañada de la formación de O_2, de manera que al final la atmósfera llegó hasta la composición actual que es la que permite la vida de los seres vivos de nuestros días. Muchos de estos bosques, al morir, quedaron cubiertos por capas de sedimentos y en ausencia de oxígeno la materia orgánica fue transformándose en **carbón** y **petróleo**. El CO_2 almacenado en estos materiales quedó así enterrado bajo tierra. Cuando el hombre extrae este petróleo y lo quema, vuelve a liberar de nuevo todo el CO_2 a la **atmósfera**, y con el proceso de combustión también gasta O_2.

El automóvil, símbolo del progreso de nuestro tiempo ¿hasta cuándo?

El aumento de CO_2 en la atmósfera es uno de los factores que contribuyen al efecto invernadero, una capa que impide la salida del calor, con lo que aumenta la temperatura en el planeta.

La industrialización sin control va a exigir a medio plazo un coste que quizá la humanidad no esté a tiempo de pagar.

ÍNDICE ALFABÉTICO DE MATERIAS